Auf in die Alpen!

Mela Hipp

Reisehandbuch Tirol für alle Jahreszeiten

Geheimtipps von Freunden

REISEDEPESCHEN

EINFÜHRUNG

Hoamelig

{Heimat, ein Gefühl}

Als ich vor zehn Jahren meine Sachen packte und für einen Job von Wien in die Berge nach Innsbruck zog, wusste ich noch nicht, wie viel mir die Berge Jahre später bedeuten würden. Heute blicke ich zurück auf die vergangene Zeit und weiß, dass ich angekommen bin. Denn so gern ich auch reise, die Welt, ihre Menschen und Kulturen kennen lerne – nichts ist schöner, als zurück nach Tirol, zurück nach Hause, zu kommen.

Das Gefühl, nach einem schweißtreibendem Aufstieg am Gipfel zu stehen, auf den Weg zurückzuschauen und den Stress des Alltags im Tal gelassen zu haben, ist unbeschreiblich. Nirgendwo sonst ist es für mich einfacher, den Kopf frei zu bekommen, sich auf die Natur einzulassen und das Panorama zu genießen.
Egal ob sich im Tal vor einem ein Dreitausender erhebt oder man erschöpft aber glücklich am Gipfel steht, der Aus- und Weitblick ist sowohl von unten als auch von oben ein ganz besonderes Erlebnis – und das zu jeder Jahreszeit. Eine Reise nach Tirol ist ein Eintauchen in die unterschiedlichen Farben und Landschaften, in die vielfältigen – und auch sportlichen – Möglichkeiten, die die Berge mit sich bringen. Und in die vom Leben in den Bergen und Tälern geprägte Kultur ihrer Menschen.

In diesem Sinne wird dich dieses Buch dazu inspirieren, dich auf Tirol einzulassen, unbekannte Orte zu entdecken, Neues auszuprobieren und Erlebnisse zu sammeln, die dich im Alltag immer wieder gerne zurückdenken lassen. Und der Grund für eine weitere Reise nach Tirol sein werden.

Rabatte und Bonusmaterial

Scan den Code oder gehe auf reisedepeschen.de/tirol-bonus für hilfreiches Bonusmaterial und exklusive Rabattcodes für wunderschöne Unterkünfte in Tirol.

TIROL ERKUNDEN

TIROLER UNTERLAND

INNSBRUCK UND UMGEBUNG

TIROLER OBERLAND

AUßERFERN

OSTTIROL

VOR DER REISE

Kennsch di aus?

{Kennst du dich aus?}

Wie teuer ist Tirol?

Die Preise in Tirol sind generell ähnlich zu jenen in Deutschland; Übernachtungsmöglichkeiten gibt es in allen Preisklassen. Essen gehen ist oft geringfügig günstiger, wohingegen der Einkauf im Supermarkt etwas teurer ist. Im Vergleich zur Schweiz ist das Preisniveau deutlich niedriger. Grundsätzlich sind die Preise in der Hauptsaison, also speziell zu klassischen Ferienzeiten (Weihnachten und Februar, sowie Juli/August), teurer als in der Nebensaison, wo es sich deutlich günstiger reisen lässt.

Wer im Sommer nach Tirol reist, bekommt meist ab der ersten Übernachtung eine kostenlose Gästekarte für die jeweilige Region. Die inkludierten Leistungen sind von Region zu Region unterschiedlich, beinhalten jedoch die Nutzung des öffentlichen Verkehrs, die kostenlose oder vergünstigte Nutzung von Seilbahnen, Schwimmbädern sowie sonstigen Freizeiteinrichtungen und -attraktionen. Im Winter ist die Beförderung mit Skibussen üblicherweise im Kauf eines Skipasses inbegriffen.

Die regionalen Tourismusverbände, aber auch viele Hotels, bieten den Gästen sommers wie winters ein sehr günstiges Wochenprogramm an: mit unterschiedlichen Freizeitaktivitäten wie (Winter-)Wanderungen, Schneeschuh- und Mountainbiketouren oder Handwerks- und Kochkursen.

Wann ist es besonders schön?

Jede Jahreszeit hat in Tirol ihren ganz eigenen Reiz und bietet völlig unterschiedliche Möglichkeiten. Zwar sind in der Zwischensaison (Mai/Juni, Oktober/November) immer noch viele Hotels für sechs bis acht Wochen geschlossen und Seilbahnen in Revision, doch immer mehr Hotels öffnen sich dem Ganzjahrestourismus.

Je nach Schneehöhen kann es bereits im **Frühjahr**, ab April oder Mai möglich sein, auf niedriggelegene Gipfel zu wandern und erste Mountainbiketouren zu unternehmen. Allerdings ist auch nicht ausgeschlossen, dass ein Kälteeinbruch für Neuschnee im Juli oder August sorgt. In der Regel ist der **Sommer** in Tirol durchweg stabil mit vielen sonnigen Tagen und sommerlich heißen Temperaturen, teils sogar über 35° Celsius. In den Bergen ist es dann meist angenehm warm, die Kraft der Sonne darf aber keinesfalls unterschätzt werden (auf guten Sonnenschutz achten!)

Der **Herbst** in Tirol zeigt sich in den letzten Jahren konstant sonnig und angenehm mild, so dass die Nachsaison eine ausgesprochen schöne Reisezeit darstellt. Doch auch hier gilt: eine Wettergarantie gibt es in den Bergen nie, so kann es auch im September – zumindest vorübergehend – zu intensiven Schneefällen kommen.

Der Start der **Wintersaison** beginnt in Tirol zwar üblicherweise mit den Weihnachtsferien, jedoch ist hier über die Jahre eine zeitliche Verschiebung der ersten Schneefälle nach hinten zu erkennen. Spätestens im Januar liegt in der Regel aber ausreichend Schnee ab 1.000 – 1.500 Höhenmetern, so dass für sportliche Aktivitäten auf der Piste oder Loipe bis in den März gesorgt ist. Der Winter ist aufgrund der besonders klaren Luft und der damit verbundenen Fernsicht besonders schön. Mit Temperaturen bis zu -20° Celsius kann es aber auch richtig kalt werden.

Wie komme ich hin und herum?

Tirol ist von Deutschland und der Schweiz aus sehr gut zu erreichen. Die Anreise mit dem **Auto** erfolgt etwa via München über die Inntalautobahn A12 oder über Garmisch-Partenkirchen nach Scharnitz. Auch der Weg über Füssen über den Fernpass ist möglich. Aus der Schweiz führt die Anreise über den Arlberg: Hier entweder durch den kostenpflichtigen Arlbergtunnel oder über den panoramareichen, gebührenfreien Arlbergpass. Für österreichische Autobahnen gilt eine Vignetten-Pflicht, die kostenpflichtige Vignette (10-Tage, zwei Monate, ein Jahr) bekommt man an den Tankstellen kurz vor dem Grenzübergang.

Wenn man mit der **Bahn** von Deutschland aus anreist, gibt es von München zahlreiche Fern- und Nahverkehrszüge nach Tirol, meist über Innsbruck. Zudem gibt es ICE-Direktverbindungen nach Innsbruck u.a. von Hamburg, Berlin, Hannover oder Köln, sowie Nachtzüge der ÖBB aus Hamburg und Düsseldorf. Im Zweistundentakt verkehren ab Zürich täglich Direktverbindungen über den Arlberg nach Innsbruck mit mehreren Stopps entlang des Inntals.

Innsbruck verfügt über einen eigenen **Flughafen** mit direkter Anbindung in die Stadt und zum Hauptbahnhof. Von Berlin und Frankfurt gehen je nach Saison mehrmals wöchentlich Direktverbindungen in Tirols Hauptstadt.

Die Weiterreise vom Innsbrucker Flughafen oder Bahnhof ist durch einen gut ausgebauten **Personennahverkehr** in alle Täler möglich (tirol.at/anreise), doch die Fahrpläne variieren je nach Tageszeit und Saison. Manche Hotels bieten ein Shuttleservice für Hotelgäste an. Vor Ort ist die Nutzung des öffentlichen Nahverkehrs (vvt.at) meist in der Gästekarte oder im Skipass inkludiert. Um manche Ausgangspunkte für Wanderungen oder Bergtouren zu erreichen, ist ein **Mietwagen** dennoch empfehlenswert. Die üblichen Anbieter haben in Tirol einzig in Innsbruck Stationen.

GEFÄHRLICHES HALBWISSEN

Griaß di!

{Hi!}

Tirol, ein Überblick

Tirol ist das drittgrößte Bundesland Österreichs und grenzt an Deutschland, Italien und die Schweiz. Ein Viertel der Landesfläche steht unter Naturschutz, so etwa die fünf Naturparks (Kaunergrat, Tiroler Lech, Ötztal, Karwendel, Zillertaler Alpen) und der Nationalpark Hohe Tauern.

Tirols Landschaft ist geprägt von einer alpinen Bergwelt und kilometerlangen Tälern, Bergdörfern und entlegenen Almen, wobei nur 13 Prozent der Landesfläche Siedlungsgebiet sind. 573 Dreitausender ziehen sich quer durch das ganze Land, die beiden höchsten Berge sind der Großglockner (3.798 Meter) in Osttirol und die Wildspitze (3.768 Meter) in Nordtirol. Die Landeshauptstadt Innsbruck, mit rund 130.000 Einwohnern die größte Stadt, liegt im Inntal, der wichtigsten Ost-/Westachse des Landes.

Tirol ist das stärkste Tourismusland Österreichs. Fast jeder dritte Euro wird direkt oder indirekt im Tourismus verdient, knapp jeder vierte Arbeitsplatz ist direkt vom Tourismus abhängig. Kamen die Gäste anfänglich primär zur Sommerfrische, dominierte später der Wintertourismus.

Touristenmassen wie in Venedig, Amsterdam oder Barcelona finden sich bei uns aber trotzdem nicht. In den bekannteren Regionen und Städten wie Innsbruck, Kitzbühel, Sölden, Ischgl und dem Zillertal kann es im Winter oder zur Ferienzeit durchaus voll werden, im Sommer verteilen sich die Gäste in den Bergen und Tälern gut.

Was es in den Bergen zu beachten gibt

Tirols Berge bieten vielfältige Wege und Touren in unterschiedlichen Schwierigkeitsgraden, so dass für jeden etwas Passendes dabei ist. Dennoch sollte man sich nicht selbst überschätzen, auf einen möglichen Wetterumschwung achten und sich neben der passenden Ausrüstung auch richtig auf die Wanderung oder Bergtour vorbereiten:

1. **Wanderungen gewissenhaft einschätzen:** Höhenmeter im Auf- und Abstieg, Distanz zum Ziel, Geländebeschaffenheit, voraussichtliche Gehzeit, Anlaufpunkte wie Hütten oder Seilbahnen.

2. **Vor dem Aufbruch:** Wettervorhersage prüfen und früh aufbrechen. Morgens ist das Wetter in den Bergen stabiler, Gewitter bilden sich in der Regel meist erst im Verlauf des Tages. Auf die richtige Ausrüstung achten. Für einfache Wanderungen reichen festes Schuhwerk oder Wanderschuhe, Rucksack, Stöcke, Sonnen- und Regenschutz. Natürlich ausreichend Wasser und Verpflegung einpacken. Für anspruchsvolle Wanderungen, die Kletterpassagen oder seilversicherte Stellen beinhalten können, ist ein Helm und Klettergurt mitzunehmen.

3. **In den Bergen:** Wanderung gemütlich beginnen, bewusst steigen, regelmäßig trinken und Pausen zur Erholung einlegen, stets auf dem Weg bleiben und Markierungen folgen.

4. **Sicherheit geht vor:** Besser umkehren, als ein Risiko eingehen; körperliche Warnsignale ernst nehmen und notfalls die Bergrettung (112) verständigen.

Klassifizierung & Schwierigkeitsgrad von Wegen, Touren & Pisten

Eine einheitliche Beschilderung und Markierung gibt in den Bergen Orientierung, zudem sind Wege, Touren und Skipisten grundsätzlich in drei Schwierigkeitsgrade unterteilt. Die Klassifizierung orientiert sich dabei an den Empfehlungen des Landes Tirol.

Ist ein Weg, eine Tour oder eine Skipiste blau klassifiziert, so weist das Gelände meist keine nennenswerte Steigung auf und ist für Einsteiger gut zu meistern. Fortgeschrittene und geübte Wanderer und Skifahrer werden rote, also mittelschwierige, Wanderungen und Pisten ohne große Schwierigkeit meistern; eine gute körperliche Fitness, eine gewisse Erfahrung und die passende Ausrüstung sind empfohlen. Schwarz klassifizierte und markierte Wege, Touren und Skipisten weisen in der Regel eine deutliche Steigung auf und sind ausschließlich für geübte und sportliche Wanderer, Tourengeher und Skifahrer geeignet. Speziell bei Wanderungen und Bergtouren auf schwarzen Wegen sind Schwindelfreiheit und Trittsicherheit sowie die richtige Ausrüstung mit Sicherungsmitteln unerlässlich, da das Gelände oft sehr steil, ausgesetzt und mit der ein oder anderen Kletterpassage versehen ist.

Typisch Tirolerisch

Tirolern eilt der Ruf voraus, stur, rau und engstirnig zu sein, was historisch betrachtet auf die einst harte Arbeit in den Bergen zurückzuführen ist. Eigentlich ist es eher ein starker Charakter, verbunden mit einer ehrlichen, herzlichen und gastfreundlichen Mentalität. Einen Tiroler bringt so schnell nichts aus der Ruhe, es sei denn, jemand wagt es schlecht über sein Land zu sprechen, dann fühlt er sich in seinem Stolz verletzt. Denn Tiroler sind sehr heimatverbunden.

Traditionen sind den Menschen in Tirol wichtig, deshalb sind Brauchtumsveranstaltungen ebenso gut besucht wie der sonntägliche Gottesdienst. Auch die Mitgliedschaft im Musik- oder Schützenverein und bei der örtlichen Feuerwehr ist keine Seltenheit.

Tiroler trifft man in der Regel am Berg, nicht nur am Wochenende, sondern auch unter der Woche vor oder nach der Arbeit. Ob beim Wandern, Mountainbiken, Klettern, Skifahren oder Rodeln: Sie lieben ihre Berge und verbringen fast jede freie Minute mit Sport. Deshalb ist es auch wenig verwunderlich, dass Tiroler mehr Sportbekleidung als Abendgarderobe in ihren Kleiderschränken haben. Wobei das Dirndl und die Lederhose ein Muss sind und vor allem bei Dorffesten und Familienfeiern gerne ausgeführt werden.

Der Tiroler Dialekt

Wer nach Tirol reist, kommt unweigerlich mit dem hiesigen Dialekt in Berührung. Wobei es den einen Tiroler Dialekt nicht gibt. Vielmehr gibt es so viele Dialekte, wie es Täler gibt – und noch einige mehr. Es kann sogar vorkommen, dass sich der Dialekt benachbarter Täler gänzlich unterscheidet und selbst für Tiroler nur schwer zu verstehen ist. Als Grundregel gilt: Je weiter man in ein Tal hineinfährt, desto ausgeprägter ist der Dialekt. Außerdem gibt es große sprachliche Unterschiede zwischen dem Tiroler Oberland (westlich von Innsbruck) und dem Tiroler Unterland (östlich von Innsbruck).

Tirolerisch für Anfänger

In Tirol ist man generell per Du, was für Einheimische und Gäste gleichermaßen gilt. Der Tiroler Dialekt ist geprägt durch eine rau klingende Aussprache, ein „k“ wird zu einem „kch“, ein simples „s“ wird in weiten Teilen des Landes als „sch“ ausgesprochen.

Hallo, Grüß Gott – Griaß di, Griaß enk
Auf Wiedersehen – Pfiat di, Pfiat enk
hinauf – aui, auffi
hinunter – oi, ochi
doch – decht
jemand – eppa
nur – lei
jetzt – iatz
Hat es geschmeckt? – Hots passt?

Wie heißt du? – Wie hoaschn du?
Woher kommst du? – Woher kimmschn du?
Das ist toll! – Isch des bärig!
Wie schön! – Mei schian!
Wie toll! – Gewaltig!
Na, also dann. – Nochand.
Willst du einen Schnaps? – Mogsch a Schnapsal?

FESTE FEIERN

Hoagascht

{Geselliges Zusammensein}

Es gibt zahlreiche Feste, die über das ganze Land hinweg gefeiert werden. Über Jahrhunderte wurden diese Traditionen mit viel Engagement am Leben erhalten, und werden nicht nur von den älteren, sondern auch von den jüngeren Generationen zelebriert.

Fasnacht

Die Fasnacht ist eine jahrhundertealte Tradition, die alle drei bis vier Jahre im Februar in ausgewählten Dörfern stattfindet und als "fünfte Jahreszeit" gilt. Mit prunkvollen, geschnitzten Masken und bunten Gewändern wird sie in Tirol so ausgiebig gepflegt und gefeiert wie nirgendwo sonst. Sie dient dem Sonnenkult, dem Vertreiben von bösen Kräften und der Beschwörung der Lebensgeister gleichermaßen.

Das Imster Schemenlaufen, das Nassereither Schellerlaufen und das Telfer Schleicherlaufen zählen zu den farbenprächtigsten und größten Fasnachtsveranstaltungen des Landes und wurden vor einigen Jahren zum Weltkulturerbe der UNESCO ernannt. Aber auch das Muller- und Matschgerer-Laufen in der Nähe von Innsbruck, das Fisser Blochziehen und das Axamer Wampelerreiten sind eindrucksvolle Spektakel für Besucher. Besonders gut kann man die Fasnacht in Nassereith bei Imst und in Serfaus-Fiss-Ladis erleben.

Almabtrieb

Sonnwendfeuer

Alljährlich zur Sonnenwende am 21. Juni, dann, wenn der längste Tag auf die kürzeste Nacht trifft, wird in Tirol der Sommer mit Feuern am Berg begrüßt. Die Sonnwendfeuer sind eine alte Tradition, die bis ins Mittelalter zurückgeht. Zahlreiche Vereine und Gruppen machen sich nach tagelanger Vorbereitung auf den Weg in die Berge, um nach Einbruch der Dunkelheit die Höhenfeuer zu entzünden. Es sind unterschiedlichste Feuerbilder, kunstvolle und religiöse Symbole wie Kreuze, Herzen oder Tauben, die von Weitem zu sehen sind und für eine ganz andere Kulisse am Berg sorgen. Sehr eindrucksvoll kann man das in der Tiroler Zugspitz Arena erleben, wo mehr als 10.000 Feuerstellen den Himmel über dem Talkessel erleuchten.

Neben den Sonnwendfeuern wird in manchen Regionen Tirols auch das Herz-Jesu-Feuer entzündet. Es geht auf einen Schwur zur Herstellung der Tiroler Einheit 1796 zurück – im Kampf gegen Frankreich und Bayern. Zum Zeichen des Schwurs wurden damals die Bergfeuer entzündet.

Almabtrieb

Wenn sich der Sommer in den Bergen dem Ende entgegen neigt, ist es für die Tiere auf den rund 2.100 Almen Tirols an der Zeit, die Rückkehr ins Tal anzutreten. Als Dank, dass die Tiere den Sommer unbeschadet überstanden haben, werden die Herden prunkvoll mit Blumen, Glocken und Schellriemen geschmückt und in ausgelassener Stimmung von Einheimischen und Gästen im Tal empfangen. In Auffach in der Wildschönau und in Steeg im Lechtal lässt sich das bunte Treiben gut bestaunen.

Mehr als 40 größere und unzählige kleinere Almabtriebe finden im Herbst statt, neben dem bekannten Abtrieb von Kühen ist auch die Schafschied in Tarrenz ein besonderes Event. An die 1.000 Schafe und Lämmer werden von der Alm hinab ins Tal getrieben, wo das Eintreffen von zahlreichen Menschen mitten im Dorf gefeiert wird.

Weihnachtszeit

Mit der Eröffnung der ersten Christkindlmärkte Mitte November wird in Tirol die Weihnachtszeit eingeläutet. Die Märkte kommen vielerorts ohne großen Kitsch aus und setzen dafür auf regionales Handwerk und traditionelle Schmankerl. Sehr schön ist die Bergweihnacht in Innsbruck, der Pitztaler Bergadvent in Plangeross und der Rattenberger Advent. Es sind aber auch Bräuche wie der Nikolausumzug, der dazugehörige Krampuslauf oder die Anklöpfler, die diese besinnliche Zeit des Jahres prägen.

Blicken vor allem Kinder dem Nikolausumzug freudig entgegen, bei dem der Nikolaus von Tür zu Tür zieht und ihnen süße Kleinigkeiten, Obst und Nüsse überreicht, ist der Krampuslauf aufgrund der finsteren Gestalten meist ein furchteinflößendes und doch sehenswertes Spektakel. Als wilder Begleiter des Nikolaus soll der Krampus die Menschen wieder auf den richtigen (katholischen) Weg bringen.

Die Anklöpfler sind junge Männer, die als Hirten, Wirt, Maria und Josef verkleidet durchs Dorf ziehen und die Herbergssuche des Heiligen Paares nachspielen. Der Brauch besagt, dass durch das Anklopfen böse Geister vertrieben werden.

Das Binden von Weihnachtskränzen oder das Schnitzen von Krippen sind hierzulande sehr beliebt. Die Weihnachtszeit wird bis zum 6. Januar gefeiert. Zum Fest der Heiligen Drei Könige ziehen als Sternsinger verkleidete Kinder von Tür zu Tür und bitten um eine Spende für Menschen in Not.

Krampus

TIROLER SPEZIALITÄTEN

Mogsch a Schnapsal?

{Möchtest du einen Schnaps?}

Herzhaft und deftig, so lässt sich die typische Tiroler Küche kurz und bündig beschreiben. Kein Wunder: Einst mussten sich Bauern und Feldarbeiter gut für die harte Arbeit in den Bergen stärken. Viele der typischen Gerichte bestehen vor allem aus Zutaten wie Kartoffeln, Mehl, Eier, Speck oder Käse.

Auch heute sind die einfach anmutenden Gerichte sowohl bei Gästen als auch Einheimischen beliebt – nicht zuletzt, weil eine Knödelsuppe oder eine Tiroler Marend nach einem schweißtreibenden Aufstieg zur Hütte gleich doppelt so gut schmeckt, wenn oben angekommen ein atemberaubendes Bergpanorama wartet.

In den Tälern finden sich verteilt über 120 Restaurants mit dem Gütesiegel „Tiroler Wirtshaus", die für regionale Küche mit lokalen Zutaten stehen (tiroler-wirtshaus.at). In den Bergen kehrt man auf Hütten und Almen ein, erstere sind meist größer und besser ausgebaut. Almen sind tendenziell kleiner und uriger, oft noch mit Viehwirtschaft. Auf Hütten ist das Übernachten in der Regel möglich, auf der Alm eher die Ausnahme. Es gibt aber auch für Fans der Sterneküche ausreichend Einkehrmöglichkeiten in Tirol.

Typische Tiroler Gerichte

Speckknödel – Egal ob in der Suppe, mit Sauerkraut oder Salat – er ist der Klassiker der Tiroler Hüttengerichte und schmeckt einfach immer gut.

Tiroler Marend – Speck, Käse, Kaminwurzen (geräucherte Wurst), dazu Kren (Meerrettich) und frisches Bauernbrot. Die Marend ist eine Brotzeit und nicht nur auf der Hütte, sondern auch als Nachmittagsjause gut.

Kaspressknödel – Grau- oder Bergkäse ist der typische Geschmacksträger des Kaspressknödels, ein flach gepresster Knödel, der in Butter gebraten und mit Salat oder in der Suppe serviert wird.

Kasspatzln – Neben dem Knödel eines der beliebtesten Hüttengerichte. Der geschmolzene, würzige Käse (meist Bergkäse) macht die Kasspatzln (Käsespätzle) zu einem deftigen, aber stets gutem Gericht.

Tiroler Gröstl – Als „Resteessen" wurde das Gröstl oft bezeichnet, heute ist es ein beliebtes Gericht. Kartoffeln, Rindfleisch, Speck und Zwiebel werden in der Pfanne angebraten und mit einem Spiegelei obenauf serviert.

Schlutzkrapfen – Mit einer würzigen Kartoffelfülle und geschmolzener Butter serviert, sind die Schlutzkrapfen, auch Schlipfkrapfen genannt, so etwas wie die Tiroler Art der Maultaschen.

Kaiserschmarrn – Der Hüttenklassiker aus Mehl, Milch und Eiern kommt zwar nicht ursprünglich aus Tirol, entgehen lassen darf man ihn sich aber trotzdem nicht.

Kiachl – Deftig mit Sauerkraut oder süß mit Marmelade sind die Hefeteigfladen ein typisches Gericht auf Weihnachtsmärkten oder Dorffesten.

Selten, aber sehr empfehlenswert sind die **Zillertaler Krapfen**, in Fett herausgebackener Teig mit einer Kartoffel-Graukäsefüllung, oder das **Melchermuas**, ein Pfannengericht aus Butter, Mehl und Milch, das mit Preiselbeermarmelade oder Zimt und Zucker genossen wird.

SCHÖN SCHLAFEN

Kim eina

{Komm herein}

Modernes Stadthotel, einsame Almhütte, hippes Hideaway, alpine Schutzhütte – so vielfältig wie Tirols Landschaft sind auch die Möglichkeiten zum Übernachten. Einheitsbrei mit typisch alpenländischem Kitsch ist Schnee von gestern. Meine Lieblingshotels sind einzigartige und stilvolle Unterkünfte, die allein schon einen Trip wert wären.

Altes Holz, neuer Stil

Die Holzdielen knarzen bei jedem Schritt, der alte Ofen sorgt für wohlige Wärme und die Stuben erzählen Geschichten aus der Vergangenheit. Vielerorts gibt es jahrhundertealte Bauernhäuser und Stadl, die in jüngster Zeit aufwändig und liebevoll renoviert wurden.

Eines davon ist die **Brandleit** im Zillertal. Mehr als 130 Jahre ist der alte Bergbauernhof alt, heute versteckt sich im Inneren ein modernes Hideaway, das keine Wünsche offen lässt. Perfekt für eine Auszeit zu zweit oder mit einer Gruppe von Freunden.

› Seite 76

Ein Wow-Erlebnis bietet sich beim Betreten des 100 Jahre alten **Loft im Stadl** in Innervillgraten. Außen verwittertes Holz, innen ein großzügiges Loft mit Sichtdachstuhl und hochwertiger Ausstattung. Besonders kuschelig ist ein Abend am Kaminfeuer mit einem Glas Wein und Blick auf die Berge.

› Seite 182

Einst ein landwirtschaftliches Anwesen mitten am Kirchplatz in Matrei in Osttirol, beherbergt der **Kesslerstadel** aus dem 16. Jahrhundert heute zwei überraschend moderne Ferienwohnungen, je eine im

Brandleit

Erd- bzw. Obergeschoss. Gekonnt wurden die alten Vollholzbalken in das neue Ambiente der Wohnung integriert.

› Seite 188

Mesnerhof-C in Steinberg am Rofan, ein 400 Jahre altes Bauernhof-Ensemble, perfekt für große Familien und Freundesgruppen.

› Seite 71

Hof Alpenjuwel in Nauders, ein geschichtsträchtiger Hof mit Einblick in den Schafstall.

› Seite 133

Ögghöfe im Kaunertal, zugleich wertvolle Kulturdenkmäler und älteste Bauernhäuser im Tal.

› Seite 133

Giatla Haus in Osttirol, ein 300 Jahre altes Bauernhaus mit modernen Ferienwohnungen.

› Seite 183

Hippe Hideaways & stilvolle Stadthotels

In vielen Tälern gibt es zwar immer noch einen einheitlichen Stil, was zeitgemäße Hotels mit alpenländischem Flair betrifft. Erfreulicherweise gibt es aber immer mehr Kreative, die sich trauen, es anders zu machen. Ihre Unterkünfte möchte ich euch gern ans Herz legen.

Innerhalb weniger Jahre haben Gastgeber Silvia und Markus das heutige **Mari Pop** zu einem angesagten Designhotel verwandelt, das durch einen coolen Stil und eine lässige Atmosphäre überzeugt.

› Seite 77

Sebastian und Max Witzmann haben mit dem **Seebichl** ein Ferienhaus am Schwarzsee erschaffen, das sich bewusst gegen den üblichen Kitzbühel-Chic richtet. Kohlrabenschwarz von außen und ein lässiger Mix aus Eigenkreationen

Mari Pop

kontor

und Möbeln aus den 50er, 60er und 70er Jahren im Inneren, gepaart mit regionaler Küche und kreativen Drinks, verleihen dem Haus einen hinreißenden Vintage-Stil.

› Seite 51

Am Innufer, entlang der berühmten bunten Häuserzeile von Innsbruck, liegt die **Faktorei**, ein kleines Boutiquehotel nur wenige Gehminuten von der Altstadt entfernt. Gekonnt werden in dem Altstadthaus aus dem 15. Jahrhundert modernes Interieur mit alten Elementen des Hauses verbunden.

› Seite 87

Ein denkmalgeschütztes Handelshaus in der Haller Altstadt haben die Gastgeber Ursula und Marek monatelang in Eigenregie zu einem modernen Boutiquehotel mit fünf Wohneinheiten verwandelt. Im **kontor** wurden alte Mauern und Decken freigelegt und mit modernen Elementen zu einem zeitgemäßen Stadthotel kombiniert.

› Seite 96

Urige Almhütten

Weder Strom noch Internet, kein fließendes Wasser: So einfache Almhütten gibt es immer noch. Oft sind die Selbstversorgerhütten aber schon moderner. So oder so gibt es fast keine entschleunigendere und schönere Art, sich für ein paar Tage eine Auszeit vom Alltag zu nehmen und die Berge voll und ganz zu genießen.

Nahezu autark urlaubt man auf der **Almhütte Kohlenau** in den Kitzbüheler Alpen. Laue Sommerabende lassen sich hervorragend auf der Terrasse verbringen, an kalten Tagen wärmt der alte Ofen in der Stube. Alles was man an Geräuschen wahrnimmt, ist das Singen der Vögel, das Bimmeln der Kuhglocken oder das Plätschern des Bachs vor der Hütte.

› Seite 47

Kein Strom, auch kein fließendes Wasser – auf der alten **Jagdhütte** auf 1.200 Metern in Westendorf bekommt man einen Eindruck, wie das Leben in den Bergen einst gewesen ist. Perfekt für alle, die sich für ein paar Tage vollständig in die Natur zurückziehen möchten. Auf Wärme und gemütliche Betten braucht man in der urigen Hütte dennoch nicht zu verzichten.

› Seite 47

Eine denkmalgeschützte Almhütte aus dem 16. Jahrhundert ist die **Leos Alm** im Lechtal. Behutsam wurde die unglaublich gemütliche Alm vor wenigen Jahren renoviert, dabei wurde die Außenansicht jedoch ebenso original erhalten wie die Stube, die Stallwände und der Heuboden. Für wohlige Wärme in der Stube sorgt ein Lehmofen.

› Seite 167

Ursteinhütte in der Kelchsau, neu renovierte Almhütte mit Komfort und großzügiger Sonnenterrasse.

› Seite 47

Wirts' Hochalm in Jochberg, luxuriös ausgestattete Almhütte in völliger Alleinlage auf 1.685 Metern.

› Seite 51

Zauberhütte in der Wildschönau, charmante und vollausgestattete Almhütte am Waldrand mit Blick über die Kitzbüheler Alpen.

› Seite 67

Almhütte Kohlenau

ROADTRIPS

Foa ma?

{Fahren wir?}

Tirol erscheint mit seinem langgezogenen Inntal und den vielen Seitentälern auf den ersten Blick nicht unbedingt wie eine klassische Roadtrip-Destination. Doch wer den ein oder anderen Alpenpass nimmt, wird schnell entdecken, welch landschaftlich lohnenswerte Routen zu einer ausgedehnten Spritztour durch die Tiroler Berge einladen. Los geht's!

Scan den Spotify-Code für unseren Tirol-Soundtrack für deinen Roadtrip:

Alles außer Fern

Route & Dauer: Reutte – Ehrwald – Fernpass – Imst – Hahntennjoch – Lechtal – Tannheim (140 Kilometer, 3 bis 4 Nächte)

140 Kilometer klingen für einen Roadtrip nicht lange. Doch wer die Route durch das Tiroler Außerfern genießen und zumindest ein paar der vielen landschaftlichen Highlights bei einer Wanderung entdecken möchte, sollte mindestens drei bis vier Tage einplanen.

Los geht der Trip nach einer ersten Zwischenübernachtung im Tannenhof (tannenhof.cc) in **Reutte**, nahe zur bayrischen Grenze. Nur wenige Kilometer vom Ortszentrum entfernt liegen die Stuibenfälle, malerisch gelegene Wasserfälle, die sich den Weg vom Plansee durch die enge Klamm bahnen. Apropos Plansee – an schönen Tagen lohnt es sich, die Wanderung zu erweitern und eine Abkühlung im frischen Bergsee zu nehmen. Weiter in Richtung Süden führt die Route vorbei an der **highline179**, eine der längsten Fußgängerhängebrücken der Welt. Eine wackelige Angelegenheit,

die jedoch einen tollen Ausblick über den Talkessel von Reutte bietet. Nur wenige Fahrtminuten weiter heißt es Auto parken und zu Fuß den Weg zum Seebensee anzutreten. Der Bergsee zählt für mich zu einem der schönsten in der Region. Weiter geht's über einen zügig bergwärts führenden Steig zur idyllisch gelegenen Coburger Hütte (coburgerhuette.at), dem Übernachtungsziel des heutigen Tages.

Am nächsten Tag lohnt sich ein Ausflug auf die Zugspitze oder alternativ ein Abstecher zum türkis-leuchtenden Blindsee, bevor es in zahlreichen Kurven über den Fernpass nach **Imst** geht. Nach einer Kaffeepause in Imst führt der Roadtrip über das Hahntennjoch (Achtung: Wintersperre) dann wieder in nördliche Richtung. Hinter nahezu jeder Kurve eröffnen sich tolle Ausblicke in die umliegenden Berge, vom Pass aus führen Wanderrouten in unterschiedlicher Länge zu nahegelegenen Hütten. Bevor es weiter hinab ins Lechtal geht, führt die Passstraße zu Bschlabs, Boden und der Sommersiedlung **Pfafflar**, einer der ältesten Höhensiedlungen Tirols. Die alten Bauernhäuser vor der Kulisse der Lechtaler Alpen geben ein besonders tolles Bild ab und sind einen Zwischenstopp wert. Übernachtet wird an diesem Tag im Natur-fokussierten Hotel LechZeit (lechzeit.com), mitten im gleichnamigen Naturpark.

Vom Lechtal führt der Roadtrip weiter über den Gaichtpass ins **Tannheimer Tal**. Mein Highlight ist hier die Drei-Seen-Rundwanderung vom Vilsalpsee über den Traualpsee zur Lache oder die Tour auf die Bad Kisslinger Hütte und den Gipfel des Aggenstein. Die letzte Nacht im Naturhotel Rehbach (rehbach-hotel.at) steht nochmal ganz im Zeichen des Genusses, bevor es am nächsten Tag nach Hause geht.

Von Nord- nach Osttirol und zurück

Route: Innsbruck – Wipptal – Pustertal – Villgratental – Matrei in Osttirol – Kitzbüheler Alpen (340 Kilometer, 4 bis 5 Nächte)

Mitten in **Innsbruck**, im kleinen Boutiquehotel Faktorei (faktorei-innsbruck.com) startet diese Route durch Nord- und Osttirol. Nach einer ausgiebigen Sightseeing-Tour durch die Stadt und vorbei an den Highlights wie dem Goldenen Dachl, der Bergisel-Schanze und der Nordkette geht es mit dem Auto in Richtung Süden. Doch anstelle den vielen Autos über die Brennerautobahn zu folgen, machen wir den ein oder andere Zwischenstopp im Wipptal. Besonders schön ist ein Ausflug zum Obernberger See, eine Wanderung zur Sattelbergalm nahe der italienischen Grenze oder eine Hüttenwanderung auf der Naviser Almenrunde. Zu sehen und erleben gibt es im weniger bekannten Wipptal ausreichend, so dass sich eine Übernachtung im Trinserhof (trinserhof.com) anbietet, um die Highlights des Tals mit seinen vielen Seitentälern zu erkunden.

Über Südtirol (Italien) führt der Roadtrip dann weiter durch das **Pustertal**, mit Zwischenstopps im kleinen Städtchen **Bruneck** und am berühmten Pragser Wildsee. Zurück auf österreichischer Seite führt die Route ins malerische Villgratental. Wir spazieren durch das Dorf **Innervillgraten** mit seinen alten Bauernhäusern und machen einen Ausflug auf die idyllische Oberstaller Alm. Wer gerne etwas mehr Zeit im Villgratental verbringen möchte, übernachtet im Loft im Stadl (loftimstadl.at) oder setzt den Roadtrip in Richtung **Lienz** fort. Mit zahlreichen Sonnenstunden im Jahr versprüht die Innenstadt einen Hauch von italienischem Flair, kleine Läden und Boutiquen laden zum Stadtbummel ein, in den Cafés stärkt man sich für die Weiterfahrt.

Es geht weiter nach **Matrei in Osttirol**, mitten im **Nationalpark Hohe Tauern** gelegen. Hier warten mehrere Highlights auf uns, wie die Wanderung oder Biketour zu den Jagdhausalmen im Defereggental, eine Tour zum Fuße des Großglockners in Kals am Großglockner oder ins beschauliche Gschlösstal mit dem charakteristischen Almsiedlung Innergschlöss. Ein toller Hoteltipp für Ausflüge in den Nationalpark ist das Hotel Hinteregger (hotelhinteregger.at) mitten im Ortszentrum von Matrei.

Osttirol hinter sich lassend führt der Roadtrip schlussendlich zurück nach Nordtirol, in die **Kitzbüheler Alpen**. Abkühlung findet man etwa am Schwarzsee bei Kitzbühel, aussichtsreich wird es auf der Kitzbüheler Horn Panoramastraße und besonders schön schläft man auf der Angerer Alm (angereralm.at) hoch oben am Berg.

Je nach Belieben verlängert man die Reise um weitere 1-2 Nächte und erkundet die Hütten und Wege des berühmten **Wilder Kaiser-Massivs** oder tritt nach einem Sprung in den erfrischenden Hintersteiner See die Heimreise an.

BAYERN (D)
Wilder Kaiser
Kufstein
Hintersteiner See
Angerer Alm
Schwarzsee
Kitzbühel
Kitzbüheler Alpen
Innsbruck
WIPPTAL
Naviser Almenrunde
Trinserhof
Sattelbergalm
Obernberger See
Nationalpark Hohe Tauern
Matrei in Osttirol
Oberstaller Alm
Innervillgraten
Lienz
Bruneck
PUSTERTAL
Pragser Wildsee
SÜDTIROL (I)

Von Pass zu Pass

Route: Pfunds – Nauders – Reschenpass – Meran – Passeiertal – Timmelsjoch – Längenfeld – Ötz (200 Kilometer, 3 bis 4 Nächte)

Hoch hinaus führt dieser Roadtrip – vom Tiroler Oberland über Südtirol zurück ins Ötztal. Da entlang der Route einige landschaftliche Höhepunkte und schöne Tourenmöglichkeiten liegen, lohnt es sich, für die rund 200 Kilometer lange Strecke drei bis vier Übernachtungen einzuplanen.

Gestartet wird die Tour oberhalb des Ortes **Pfunds**, in der Hochebene der Pfundser Tschey, die mit Dutzenden alten Heu- und Kochstadln ein eindrucksvolles Panorama abgibt. Entweder spaziert man einfach gemütlich an den Stadln entlang und kehrt wieder um oder entscheidet sich für eine weiterführende Wanderung zur Platzer Alm. Kurz vor der italienischen Grenze liegt **Nauders**, ein schöner Ausgangspunkt für ausgiebige Berg- und Biketouren. Zu Fuß erwandert man die Wege am Mutzkopf, mit dem Rad geht es abenteuerlicher auf die 3-Länder-Endurotrails zwischen Tirol, Südtirol und der Schweiz. Übernachtet wird im gemütlichen Aparthotel Arabella (hotel-arabella.com), bevor es am nächsten Tag weiter Richtung Südtirol geht.

Nächster Stop ist **Meran**, das mit Bergblick und Palmen einen tollen Mix aus alpin und mediterran zu bieten hat. Nach einem Bummel durch die Gassen und einer Übernachtung im Ottmangut B&B (ottmanngut.it) geht es nur wenige Kilometer südlich von Meran, oberhalb von Vöran, zu Fuß weiter zum Knottnkino, einem „Freiluftkino", wo das Bergpanorama der Film ist. Über das Passeiertal führt der Roadtrip wieder zurück an die Grenze zu Tirol.

Bis auf über 2.500 Meter Höhe führt die Timmelsjoch Hochalpenstraße (Achtung: Wintersperre) ins Tiroler Ötztal und bietet eindrucksvolle Ausblicke in die Ötztaler Alpen und darüber hinaus. Immer wieder laden Kunstinstallationen entlang der Straße zu einem Zwischenstopp ein, mit jeder Kurve ändert sich das vor einem liegende Panorama. Kurz vor Sölden hat man wieder den Talboden erreicht. Wer nun etwas Entspannung braucht, gönnt sich einen Wellness-Nachmittag in der Therme Aqua Dome oder gleich ein Zimmer im Naturhotel Waldklause (waldklause.at).

Eine Einkehr im Gasthof Krone in **Umhausen** sollte zum Abschluss des Roadtrips ebenso wenig fehlen wie ein Abstecher zum Piburger See, der von den Bergen eingerahmt nicht nur ein tolles Fotomotiv, sondern auch einen letzten Sprung ins kühle Nass wert ist.

MEHRTAGESTOUREN

Oafoch bärig

{Einfach großartig}

Um die Faszination einer Mehrtagestour zu beschreiben, muss man am Ende beginnen. Bei der Genugtuung, die sich einstellt, wenn man am Ziel angekommen ist und stolz auf die Leistung der letzten Tage zurückblickt. Und der Freude auf die simplen Dinge am Ende eines Tages – eine Dusche, ein reichhaltiges Essen und ein bequemes Bett.

Zu Fuß: Kaiserkrone am Wilden Kaiser

Auf 65 Kilometern und 5.000 Höhenmetern im Aufstieg führt die Kaiserkrone in 5 Tagen einmal zu Fuß rund um den Wilden Kaiser. Es warten eindrucksvolle Ausblicke vom Chiemsee bis zum Großglockner. Die Tour kann dank verschiedener Zustiege individuell begonnen und je nach körperlicher Fitness in leichten bzw. schwierigen Alternativrouten begangen werden. Übernachtet wird abwechselnd auf Hütten am Berg oder in Gasthöfen im Tal.
wilderkaiser.info

Auf dem Rad: Karwendelrunde

Eine der landschaftlich schönsten Touren ist die Karwendelrunde im gleichnamigen Gebirgszug. Es gibt auch Varianten, die die Tour an einem

Tag ermöglichen. Lohnenswerter ist es, sich drei oder vier Tage für eine erweiterte Tour Zeit zu nehmen. Je nach körperlicher Fitness und mit oder ohne E-Antrieb führt die individuell geplante Tour zu landschaftlichen Höhepunkten wie den Karwendeltälern, dem kleinen Ahornboden, dem Achensee und zum Karwendelhaus. Alleine für die Fotostopps sollte man ausreichend Zeit einplanen.
tirol.at

Im Schnee: Winterweitwandern am Seefelder Plateau

Ein besonderes Erlebnis ist die Mehrtagestour durch die verschneite Winterlandschaft des Seefelder Plateaus. Rund vier bis sechs Stunden Gehzeit sind auf der viertägigen Winterweitwanderung täglich zurückzulegen, belohnt wird man dabei mit einer einzigartigen Winterkulisse, knirschendem Schnee unter den Füßen, kristallklarer Winterluft und der wohligen Wärme zur Hütteneinkehr. Highlight ist die Übernachtung auf der Wettersteinhütte, die exklusiv nur für Winterweitwanderer ermöglicht wird. Besonderer Service: Der inkludierte Gepäcktransport von Unterkunft zu Unterkunft.
seefeld.com

Auf Skiern: Trans Dolomiti in Ost- & Südtirol

In konstantem Rhythmus durch die Winterlandschaft gleiten und dabei die Highlights des Loipennetzes zwischen Osttirol und den Südtiroler Dolomiten kennenlernen: Wahlweise in vier oder sechs Tagen lädt die Trans Dolomiti zum mehrtägigen, grenzüberschreitenden Langlaufvergnügen. Am Ende des Tages wartet nicht nur das Gepäck bereits im Hotel, man kann sich dank Halbpension auch noch reichlich für die Leistung des Tages belohnen.
dolomitinordicski.com

SPEKTAKULÄRE ARCHITEKTUR

Mei schian!

{Wie schön!}

Tirol – das sind nicht nur rustikale Bauernhäuser, traditionelle Hütten und alte Heustadl. Nein, hier finden sich auch viele beachtenswerte Architekturstücke – nicht nur Innsbruck. Oft sind es gewagte Bauten hoch oben am Berg, die einen Besuch wert sind.

iceQ

Ganz im Zeichen von 007 stehen gleich zwei architektonische Meisterwerke vom Innsbrucker Architekten Johann Obermoser direkt an der Bergstation der Gaislachkoglbahn in Sölden. Doch anders als in „Spectre" ist das **iceQ** keine Privatklinik, sondern ein Bergrestaurant auf höchstem Niveau. Nicht nur das Essen ist eine klare Empfehlung, auch das Panorama ist dank der vollverglasten Fenster ein echter Hingucker. Wer sich anschließend auf die Spuren von James Bond begeben möchte, ist im angrenzenden **007 Elements** genau richtig. In einem knapp einstündigen Rundgang taucht man ein in die Locations und Dreharbeiten aus „Spectre" sowie sämtlicher James Bond-Streifen zuvor.

iceq.at, 007elements.soelden.com

Der Name ist Programm. Auf 3.440 Metern liegt das von Oliver Baldauf entworfene **Café 3.440** im Pitztal und ist damit zugleich Österreichs höchstes Kaffeehaus. Probieren sollte man unbedingt die Kuchen aus der hauseigenen Konditorei, aber auch dem Bau selbst sollte man Beachtung schenken, überblickt man von der knapp 360° Terrasse nicht nur die Wildspitze, sondern so einige Dreitausender des Alpenhauptkamms.

pitztal.com

Die futuristische **Hungerburgbahn** (Architektin Zaha Hadid) in Innsbruck ist eine Standseilbahn, die vom Zentrum der Landeshauptstadt hoch zur Hungerburg führt. Sie verbindet das bunte Treiben in der Stadt mit dem Fuß der Nordkette, wo u.a. der Alpenzoo und die weiterführende Nordkettenbahn zu finden sind.

nordkette.com

Passmuseum

Auf über 2.500 Meter führt die **Timmelsjoch Hochalpenstraße** (Architekt Werner Tscholl) und verbindet das Tiroler Ötztal mit dem Südtiroler Passeiertal. Eigentlich ist die Fahrt über den Pass schon ein Highlight, doch an mehreren Stopps warten moderne und spektakuläre Architekturbauten und -skulpturen, wie etwa das begehbare Fernrohr oder das über die Bergkante hinausragende Passmuseum.

timmelsjoch.com

Nichts für Menschen mit Höhenangst ist die **highline179**, entworfen von Armin Walch, in der Region Reutte. Die zum Zeitpunkt des Baus längste Fußgängerhängebrücke verbindet die Ruine Ehrenberg mit dem Fort Claudia und überspannt dabei in einer Höhe von rund 114 Metern die vielbefahrene Fernpassstraße. Je mehr Besucher sich auf der Brücke befinden, desto wackeliger wird der Gang – doch der Mut wird mit einem entsprechenden Ausblick in den Talkessel von Reutte belohnt.

highline179.tirol

Ein begehbares Gipfelkreuz und noch dazu das größte der Welt ist das **Jakobskreuz** im Pillerseetal, entworfen von Axl Naglich. Rund 30 Meter ragt der Bau auf der Buchensteinwand in die Höhe und ist schon von Weitem zu sehen. Insgesamt fünf Aussichtsplattformen bieten ein 360° Panorama auf die Gipfel der Loferer und Leoganger Steinberge, den Wildseeloder und das Kitzbüheler Horn.

bergbahn-pillersee.com

Einen Rundumblick auf Innsbruck offenbart die beliebte **360° Bar** (Architekt Dominique Perrault) im Zentrum der Stadt. Dank der vollverglasten Architektur hat man von nahezu jedem Tisch einen Blick über die Dächer der Stadt bis hin zu den Bergen. Besonders chillig ist die Bar im Sommer, wenn man es sich auf der Dachterrasse mit einem Aperitif gemütlich machen kann.

360-grad.at

ALPENBEWOHNER

Big Five

Steinbock, Murmeltier, Gams, Steinadler und Bartgeier – sie sind die „Big Five der Alpen" und können mit etwas Glück und Geduld bei einer Wanderung in den Tiroler Naturparks und dem Nationalpark Hohe Tauern in freier Wildbahn entdeckt werden.

Lange Zeit galt der **Steinadler** als natürlicher Feind für Nutztiere auf den Almen, weshalb er gejagt und vergiftet wurde. Seit 1925 steht der „König der Lüfte" unter Artenschutz, seither hat sich der Bestand wieder deutlich erholt. Ist der Steinadler in jungen Jahren noch dunkler mit weißen Federpartien, erreicht er erst mit sechs bis sieben Jahren seine satte, braungelbe Färbung, die ihm mitunter auch die Bezeichnung „Goldadler" verleiht.

Ganze 14 Brutpaare leben im Naturpark Karwendel, womit es nirgendwo in den Alpen mehr Steinadler als hier gibt. Bei einer Wanderung auf den Feilkopf in Pertisau am Achensee hat man gute Chancen, den Greifvogel aus nächster Nähe zu beobachten.

Die Alpen mit einer Mischung aus hochalpinem Lebensraum und dichten Wäldern sind der ideale Lebensraum für **Gämsen**. Denn die scheuen Tiere suchen im Sommer in den Felsen nach Nahrung, im Winter bietet der Wald ihnen Schutz. Eindrucksvoll klettern Gämsen sicher durch die steilsten Felshänge; werden sie durch Geräusche erschreckt, können sie bis zu 50 Stundenkilometer schnell werden.

Da sich Gämsen sowohl in Wäldern als auch im Hochgebirge wohl fühlen, können sie in den unterschiedlichsten alpinen Höhenlagen entdeckt werden. So beispielsweise im Hochgebirgs-Naturpark Zillertaler Alpen, etwa bei einer Wanderung auf die Grüblspitze.

Als erhaben, kraftvoll und majestätisch gilt der König der Alpen – der **Steinbock.** Ihn in freier Wildbahn zu entdecken ist ein tolles Naturschauspiel, ist der Steinbock doch ein herausragender Kletterer. Das liegt an seinen Hufen, die dank einer weichen Mitte und einem harten Rand wie Kletterschuhe funktionieren.

Mit 1.200 Tieren lebt im Naturpark Kaunergrat die größte Steinbockkolonie Österreichs. So eignet sich die so genannte Steinbockwanderung zur Rüsselsheimer Hütte im Pitztal hervorragend, um die Tiere zu entdecken.

Meist sind sie zu hören, noch lange bevor man sie in den Almwiesen und Berghängen entdeckt hat: **Murmeltiere**. Ihre Pfiffe sind charakteristisch für die pelzigen Alpenbewohner. Da Murmeltiere bis zu neun Monate lang Winterschlaf halten, begibt man sich besser in den warmen Monaten auf die Suche.

Bereits ab einer Höhe von 900 Metern sind Murmeltiere in den Bergen anzutreffen. Dazu muss man sich nicht unbedingt in einem Naturpark befinden, dennoch stehen hier die Chancen besonders gut. So etwa auf dem Gipfel der Hohen Mut im Naturpark Ötztal oder bei einer Wanderung zur Lucknerhütte im Nationalpark Hohe Tauern in Osttirol.

Mit bis zu drei Metern Flügelspannweite ist der **Bartgeier** auch aus größerer Distanz am Himmel zu erkennen. Immer noch ist der imposante Greifvogel stark gefährdet und streng geschützt. Schätzungen zufolge leben 200 bis 250 Bartgeier in den Alpen, aufgrund ihres großen Fluggebietes von bis zu 400 Kilometern am Tag ist jedoch schwer auszumachen, wie viele davon in Tirol beheimatet sind.

Erst vor wenigen Jahren glückte der Brutversuch eines Bartgeiers im Naturpark Tiroler Lech. 2019 wurde ein mit einem Junggeier besetzter Bartgeierhorst entdeckt. Mit etwas Glück sichtet man das eindrucksvolle Tier vom Vogelerlebnispfad Pflach aus.

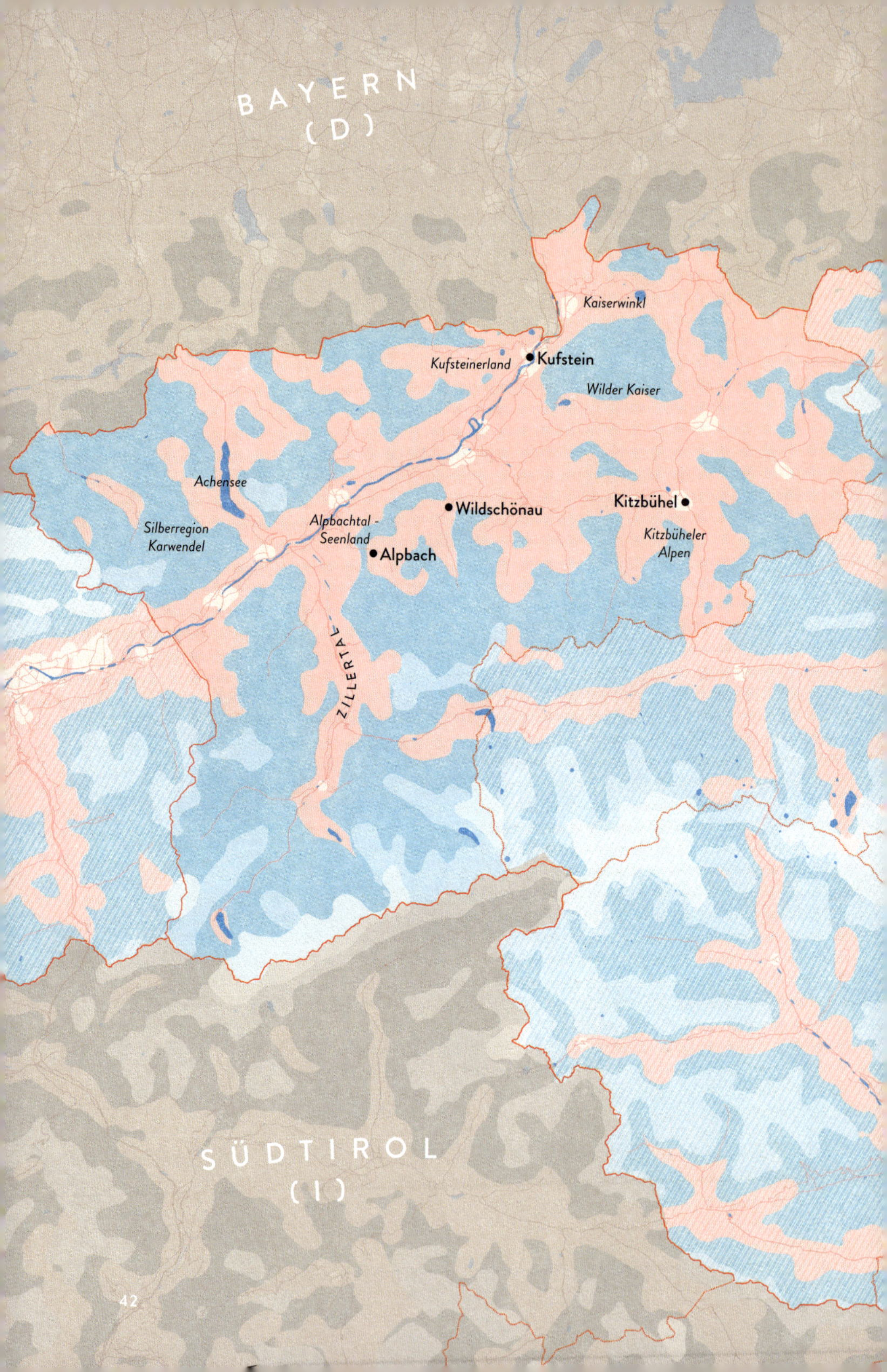
BAYERN
(D)
Kaiserwinkl
Kufsteinerland
Kufstein
Wilder Kaiser
Achensee
Silberregion
Karwendel
Alpbachtal -
Seenland
Wildschönau
Alpbach
Kitzbühel
Kitzbüheler
Alpen
ZILLERTAL
SÜDTIROL
(I)

Tiroler Unterland

Sattgrüne Grasberge, weitläufige Täler und postkartenähnliche Alpendörfer, wie sie in Serien wie „Der Bergdoktor" über den Bildschirm flimmern, kennzeichnen das Tiroler Unterland – also jenen Teil des Landes, der östlich von Innsbruck liegt. Zwar gibt es zur genauen geografischen Abgrenzung unterschiedliche Definitionen, auch abhängig davon, in welchem Tal man Einheimische nach ihrer Zugehörigkeit fragt. Doch spricht ein Tiroler vom Unterland, ist grob gesagt alles zwischen Innsbruck und Kufstein gemeint. Was es mit dem saloppen Spruch auf sich hat, dass eine Beerdigung im Unterland lustiger als eine Hochzeit im Oberland ist, können Besucher in einem Gespräch mit Einheimischen herausfinden.

KITZBÜHELER ALPEN

Zu Besuch beim Almliteraten

Wer auf der Unteren Lärchenbergalm einkehrt, erlebt nicht nur Almidylle pur. Mit etwas Glück trifft man hier auch auf Sepp Kahn – und kehrt mit einer Geschichte zum Erzählen zurück ins Tal.

Eigentlich wäre auch die Alm an sich schon ein lohnenswertes Ziel. Auf gut 1.500 Metern Höhe liegt die Untere Lärchenbergalm abgeschieden im Windautal, umgeben von einer kitschig-schönen Bergkulisse. Über 300 Jahre ist sie bereits alt, Elektrizität sucht man vergebens und doch ist die Alm samt Stallungen so schön wie kaum eine andere in der Region.

Denn während andernorts Hütten aufwändig renoviert und erneuert werden, wird hier das Einfache ganz bewusst und behutsam aufrechterhalten. Seit knapp dreißig Jahren bewirtschaftet der Tiroler Sepp Kahn die Alm, versorgt Kühe, Schweine und Ziegen, käst an die 300 Kilogramm Tilsiter pro Saison und stampft 100 Kilogramm Butter. Selbst steile Wiesen mäht er mit einer Sense per Hand. Und lebt an rund 100 Tagen im Jahr ein einfaches und zufriedenes Leben.

Wer den Weg auf die Untere Lärchenbergalm findet, lässt sich für einen Laib Käse Platz im Rucksack und bringt auch etwas Zeit mit. Denn wer das Glück hat, Sepp Kahn auf seiner „Sommerresidenz" anzutreffen, erfährt schnell, dass der urige Tiroler mit weißem Vollbart neben allen landwirtschaftlichen Verpflichtungen und Aufgaben auch Schriftsteller ist. Er hat so einige heitere Kurzgeschichten zum Alm- und Bergleben geschrieben und trägt diese von Zeit zu Zeit seinen Besuchern auf der Alm vor.

Die Untere Lärchenbergalm im Windautal bei Westendorf ist in knapp zwei Stunden Gehzeit vom Gasthaus Steinberg aus zu erreichen. Wer mag, kann von dort aus noch den aussichtsreichen Gipfel des Lodron besteigen.

Auf in die Berge

Zwar ist der KAT (Kitzbüheler Alpen Trail) Walk bzw. KAT Bike nicht mit einem Laufsteg zu verwechseln, doch die Landschaft, welche man bei der **mehrtägigen Berg- bzw. Biketour** durchquert, kann sich durchwegs sehen lassen. Komfortabel ist die Tour vor allem bei Buchung eines Gepäcktransports von Hotel zu Hotel. So lässt sie sich kompakt-gemütlich oder als anspruchsvollere Variante durch die Regionen Hohe Salve, Brixental, St. Johann in Tirol und Pillerseetal am besten genießen.

kitzbuehler-alpen.com

Eine Wanderung hoch zum **Wildseeloder** auf 2.118 Metern ist ein Muss bei einem Aufenthalt in Fieberbrunn. Die gleichnamige Hütte am Hausberg der Fieberbrunner hat eine tolle Panoramalage und in ihrer Nähe liegt auch einer der schönsten Bergseen des Landes. Im Sommer belohnt man sich mit einem Sprung ins erfrischend kalte Wasser oder dümpelt mit einem Ruderboot über den See. Und wer nach einer kurzen Rast frisch gestärkt ist, erklimmt noch in rund 45 Minuten den Gipfel mit großartigem Ausblick.

Rasant geht es mit dem Mountainbike auf den Singletrails im Brixental auf schmalen Pfaden den Berg hinab. Könner wagen sich am **Lisi-Osl-Trail** auf die Spuren der bekannten heimischen Mountainbikerin, Anfänger hingegen tasten sich am Sun Trail oder Wiegalm Trail ans downhillen heran. Und wem das alles noch nicht Abenteuer genug ist, erobert am Fleckalm Trail einen der schönsten Singletrails Tirols. Tipps, Tricks und die nötige Portion Vertrauen holt man sich am besten bei einem Kurs in der BikeAcademy.

bikeacademy.at

Bei Schnee und Eis

Idyllischer kann eine Winterlandschaft kaum sein. Versteckt liegt die Brixenbachalm im gleichnamigen Tal und ist über eine gemütliche **Winterwanderung** entlang des Brixenbachs in gut einer Stunde zu erreichen. Am alten Holzofen, der die Stube wärmt, werden typische Tiroler Spezialitäten zubereitet. Für den Rückweg kann man sich direkt vor Ort einen Rodel ausleihen.

Eine einfache Winterwanderung ist nicht genug? Wie wär's dann mit einer **Lama-Trekkingtour**? Bei einer geführten Tour mit Ronaldo, Loriot, Coco, Felix oder Diego nimmt man die Natur dank der pelzigen Begleiter nochmal ganz anders wahr.

abenteuer-lama.at

Mehrtagestouren sind im Sommer schon längst keine Seltenheit mehr. Eine **mehrtägige Skitour** hingegen schon. Vier Tage lang ist man auf der Skitourendurchquerung von Kelchsau über Aschau nach Kirchberg in den Kitzbüheler Alpen unterwegs. Und erlebt unverspurte Hänge und landschaftlich schöne Abfahrten – am besten mit einem Guide, der die Touren, Berge und Hütten wie seine Westentasche kennt.

kitzbuehler-alpen.com

Schlafen

Gemütliche Appartements im Chalet-Stil bieten die **Alpegg Chalets** im Pillerseetal. Zu den voll ausgestatteten Chalets gehören je ein privates Spa mit eigener Sauna, direkter Zugang zum Biotop, Boulder-Wand und Lagerfeuerplatz. Gastgeber Cornelia und Roland geben zudem jederzeit gerne Empfehlungen für die umliegenden Berge.

Alpegg 13, 6384 Waidring
alpegg.com

Die **Angerer Alm** versprüht einen Hauch von Almkitsch. Kein Wunder, mit den traditionellen Holzmöbeln und karierten Bettdecken wird das Klischee hinreichend bedient. Annemarie Foidl übertreibt es jedoch nicht und bietet ihren Gästen eine rundum gelungene Auszeit am Berg. Dazu kommt noch die ausgezeichnete Küche und der exklusive Weinkeller. Und so ist die Angerer Alm in St. Johann auch schon lange kein Geheimtipp zum **Essen** mehr. Auf der Sonnenterrasse genießt man ganzjährig ein tolles Panorama und die Stuben im Inneren der Alm sind wirklich gemütlich.

Berglehen 53, 6380 St. Johann in Tirol
angereralm.at

Nahezu autark urlaubt man auf der **Almhütte Kohlenau**. Laue Sommerabende lassen sich hervorragend auf der Terrasse verbringen, an kalten Tagen wärmt der alte Ofen in der Stube. Das Vogelträllern, das Bimmeln der Kuhglocken und das Plätschern des Bachs sind die dazugehörige Geräuschkulisse.

Glantersberg 65, 6361 Glantersberg
drittlhof.at

Kein Strom, auch kein fließendes Wasser – auf der alten **Jagdhütte** auf 1.200 Metern in Westendorf bekommt man einen Eindruck, wie das Leben in den Bergen einst gewesen ist. Perfekt für alle, die sich für ein paar Tage vollständig in die Natur zurückziehen möchten. Auf Wärme und gemütliche Betten braucht man in der urigen Hütte dennoch nicht zu verzichten.

6363 Westendorf
almliesl.at (Stichwort: WEST-170)

Die **Ursteinhütte** in der Kelchsau ist eine renovierte Almhütte mit Komfort und großzügiger Sonnenterrasse.

Kurzer Grund 21, 6361 Kelchsau
ursteinhuette.at

Essen

73 Dreitausender hat man in der umadum Stube auf der **Gipfelalm Hohe Salve** im Blick – und das, ohne sich den Kopf zu verrenken. Die Stube ist ein Drehrestaurant und benötigt für die 360° rund 50 Minuten.

Salvenberg 59, 6363 Westendorf
hohe-salve.at

Als moderne Interpretation des Wirtshauses verstehen David, Patrick und Szabolcs ihren **Michlwirt** in Westendorf – und das ist ihnen auch geglückt.

Peter Neuschmid Straße 3, 6363 Westendorf
michlwirt.at

Einkaufen

Alles rund ums Wohnen und Wohlfühlen findet sich im Concept Store **tausendzeig** der beiden Inhaberinnen Sylvia und Lisa. Aus einem anfänglichen Interior-Blog entwickelte sich die Idee zu einem richtigen Laden.

Salvenstraße 11, 6322 Kirchbichl
100zeig.at

Als kleiner Tante Emma-Laden fand das heutige **Kaufhaus Möllinger** seinen Anfang in Kirchberg in Tirol. Heute ist das Möllinger ein stilvoller Concept Store.

Hauptstraße 17, 6365 Kirchberg in Tirol
kaufhausmoellinger.at

Die **Milchbuben**, das sind die Brüder Markus und Thomas, knapp 30 Jahre alt und Käseproduzenten in der eigenen Sennerei am Rehaberhof. Sie produzieren ausschließlich Camembert in unterschiedlichen Geschmacksvarianten und setzen dabei auf Nachhaltigkeit, Regionalität, Frische und Tierwohl.

Penningdörfl 17a, 6361 Hopfgarten
milchbuben.at

KITZBÜHEL

400 Höhenmeter zum Frühstück

Während sich unten im Tal langsam die Frühstückstische in den Hotels füllen und die Sonne langsam hinter den Südbergen hervorblinzelt, absolvieren so manche Wanderer und Mountainbiker gerade die ersten Höhenmeter des Tages. Das Ziel: Frühstück auf 1.200 Metern Höhe, Bergpanorama inklusive.

Es ist ein besonders wohltuendes Gefühl, bereits früh am Morgen die ersten Höhenmeter des Tages gemeistert zu haben und nun in der Morgensonne Platz zu nehmen. Langsam breitet sich die Sonne auf der ganzen Terrasse aus, die einen Blick auf den Wilden Kaiser, das Kitzbüheler Horn und die Südberge ermöglicht.

Keine fünf Minuten nach der Ankunft steht der erste Kaffee auf dem Tisch. Nach der Anstrengung schmeckt er in der morgendlichen Ruhe der Alm und dem einzigartigen Panorama vor Augen gleich doppelt so gut. Im Inneren der Hütte stehen schon allerlei Köstlichkeiten für die hungrigen Sportler bereit: Käse, Butter und Joghurt von einem alten Erbhof in Oberndorf, Wurst von der Traditionsmetzgerei Huber in Kitzbühel, Milch und Eier direkt vom Hof.

Seit 1936 bewirtet die Seidlalm Gäste. Bekannt wurde die traditionelle Alm durch die unmittelbare Lage an der berühmten Streif – und durch Hansi Hinterseer, der hier aufwuchs. Mittlerweile wird die Alm ausschließlich von Frauen geführt, mit viel Geschick haben die Gastgeberinnen Verena, Christina und Isabella die Hütte modernisiert und setzen ausschließlich auf Produkte aus der direkten Umgebung. Täglich servieren sie Gästen ab 9 Uhr ein regionales Frühstück und damit zugleich ein besonderes Erlebnis – denn wie oft genießt man schon den ersten Kaffee des Tages inmitten der Berge?

seidlalm-kitzbuehel.at

Das andere Kitzbühel

Kitzbühel – das ist auf den ersten Blick das spektakuläre Hahnenkammrennen, ein Weltklasse-Tennisturnier sowie verschiedenste Snow Polo-, Golf- und Society-Events. Alljährlich ziehen sie eine Riege Spitzensportler und Prominente an, die Siege erzielen und diese entsprechend feiern wollen. In kaum einer anderen Region ist die Dichte an Freizeitwohnsitzen und noblen Automarken so hoch wie hier. Ein Image, welches über Jahre bewusst gepflegt und vermarktet wurde.

Wer jedoch genauer hinschaut und sich abseits von 4- und 5-Sterne-Hotels, schicken Restaurants und Society-Events bewegt, wird feststellen, dass die Region landschaftlich ganz vorne mit dabei ist und lohnenswerte Touren für Wanderer, Mountainbiker aber auch Familien zu bieten hat. Junge Gastgeber wie die Brüder Witzmann im Hotel Seebichl, die Mädels auf der Seidlalm oder die Hüttenwirte Johanna und Tom auf der Hochwildalm sind es, die eine andere Seite von Kitzbühel aufzeigen und dazu beitragen, dass sich auch junge, sportliche Gäste hier wohlfühlen.

Auf in die Berge

Ob bergauf oder bergab ist ganz egal – wer die Streif, die berühmte Ski-Abfahrt am Hahnenkamm – zu Fuß oder mit dem Mountainbike bezwungen hat, weiß, welchen Mut die weltbesten Skifahrer alljährlich aufbringen, um sich über die angsteinflößende Mausefalle nach unten zu stürzen. Wanderer und Mountainbiker können den **Hahnenkamm** erwandern, erfahren oder einfach bequem mit der Gondel erobern. Verschiedene Routen führen bis zum Starthaus, oben angekommen blickt man mit Stolz und Ehrfurcht auf die zurückgelegten Höhenmeter hinab. Mountainbiker stellen sich der Abfahrt beim Hahnenkamm-Trail, ein Singletrail, der sowohl für Anfänger als auch Fortgeschrittene gut geeignet ist.

In Aurach bei Kitzbühel führt eine gemütliche Wanderung oder Biketour über 500 Höhenmeter in mäßiger Steigung hoch auf die sonnig gelegene **Auracher Hochwildalm**. Die jungen Gastgeber Johanna und Tom stehen selbst am Herd, backen Brot und haben Tipps für die Besteigung der umliegenden Gipfel parat.

Vormittags auf den Berg, nachmittags am See. Der **Schwarzsee**, ein Moorsee zwischen Reith und Kitzbühel, ist im Sommer ein idealer Badesee mit traumhaftem Blick aufs Kaisergebirge und Kitzbüheler Horn. Neben Badeplätzen und einem Bootsverleih genießt man in den Cafés einen Eiskaffee oder Aperitif. Ruhiger ist das idyllisch gelegene **Waldbad Gieringer Weiher**, dessen Bergkulisse sich ebenfalls sehen lassen kann.

Bei Schnee und Eis

Im Winter stellen sich Mutige dem Abenteuer **Streif** natürlich auf Skiern, Anfänger- und familienfreundliche Umfahrungen machen die Abfahrt aber auch für Nicht-Profis möglich. Weniger anspruchsvoll sind die Pisten am gegenüberliegenden **Kitzbüheler Horn**.

Auch wenn in Kitzbühel der Skisport zuhause ist, gibt es auch schöne **Winterwanderrouten**. Eine gemütliche und landschaftlich schöne Route ist die Rundwanderung ab der Bergstation Bichlalm bis zum Gipfel des Stuckkogel auf 1.888 Metern. In Jochberg wiederum führt eine Winterwanderung über 650 Höhenmeter hoch zur Trattenbachalm, von wo aus es mit dem Rodel zurück ins Tal geht. Eine leichte, aber aussichtsreiche Winterwanderung führt auf 2,5 Kilometern rund um den verschneiten Hahnenkamm.

Schwarzsee

Schlafen

Als das „schwarze Haus am See“ hat das **Seebichl** am Schwarzsee im Inneren so einige Schmuckstücke aus den 50ern, 60ern und 70ern zu bieten. Kombiniert mit modernen Eigenkreationen ist die Unterkunft heute ein cooles Designhotel im sonst so schicken Kitzbühel. Im hauseigenen **Restaurant Seebichl** kommen ausschließlich regionale Zutaten auf den Tisch. Neben der kleinen, feinen Saisonkarte ist der wöchentliche Schnitzel-Sonntag ein Pflichttermin.

Seebichlweg 37, 6370 Kitzbühel
hotel-seebichl.at, restaurant-seebichl.at

Wirts' Hochalm in Jochberg, luxuriös ausgestattete Almhütte in völliger Alleinlage auf 1.685 Metern.

Bärenbadkogel, Jochberg
wirtshochalm.at

Essen

Wer lieber den bequemeren Weg wählen und mit der Bergbahn zum Frühstück gondeln möchte, bucht zu ausgewählten Terminen die Sonnenaufgangsfahrt aufs Kitzbüheler Horn mit anschließendem **Horngipfelfrühstück** im Horngipfelhaus.

Lässiges Café und Fashion Store in einem ist das **Franz** in zentraler Lage. Für Frühaufsteher gibt es eine kleine Frühstückskarte, tagsüber verschiedene Snacks und eine große Auswahl an Weinen und Craft Beer.

Bichlstraße 22, 6370 Kitzbühel
franz-bar.at

In einem alten Erbhof mitten im Ort gelegen, ist der **Hallerwirt** die Adresse für hochwertige, regionale Küche. Die Zutaten kommen allesamt aus der näheren Umgebung. Urig sind die alten Gaststuben, gemütlich die große Terrasse.

Oberaurach 4, 6371 Aurach bei Kitzbühel
hallerwirt.at

Einkaufen

In ihrer kleinen **Porzellan-Werkstatt** im elterlichen Bauernhaus lebt Barbara Schmidt ihre kreativen Ideen aus. Seit vielen Jahren fertigt sie Stücke aus Ton und Porzellan und verziert sie mit eigenen Malereien. Ihre Kunst kann man in ihrer Werkstatt oder über ihren Webshop erwerben.

Römerweg 61, 6370 Kitzbühel
porzellan-werkstatt.at

WILDER KAISER

Faszination Koasa

Egal ob vom Hausberg Kufsteins, vom Schwarzsee bei Kitzbühel oder von der Sonnenterrasse der gegenüberliegenden Rübezahl Alm – in alle Richtungen thront das imposante Massiv des Wilden Kaisers kilometerweit über der Landschaft.

Für die einen mögen es die unverkennbaren Bilder sein, die es dank der beliebten Fernsehserie „Der Bergdoktor" wöchentlich ins heimische Wohnzimmer schaffen und für die notwendige Portion Bergsehnsucht sorgen. Immerhin ist die Serie eine der erfolgreichsten deutschen Produktionen und verhalf der Region zu großer Bekanntheit.

Für die anderen sind es wohl die schroffen Gipfel, die eine gewisse Faszination für das Kaisergebirge auslösen. Es sind anspruchsvolle und schweißtreibende Touren, die auch Könner an ihre Grenzen bringen und die Ehrfurcht vor dem Berg aufleben lassen. Eine Ehrfurcht, die mitunter auf die Gipfel- und Ortsnamen, um die sich zahlreiche Sagen ranken, zurückzuführen sein könnte: Fleischbank, so heißt es, wurde nach den vielen toten Gämsen benannt, denen ein Bauer äußerst geschickt Fallen stellte. Im Teufelswurzgarten soll der Teufel seine Kräuter gezüchtet haben, aus denen ein liebestrunkener Bursche ein Heilmittel für sein krankes Madl herstellen wollte. Zum Tausch musste er dem Teufel seine Seele verschreiben.

Über die Erstbesteigungen und die touristische Erschließung des Wilden Kaisers gibt es heute zahlreiche Erzählungen – und so gibt es auch zur Namensgebung unterschiedliche Theorien. Die einen sagen, dass der Kaiser einen Bauernhof hier hatte und alles, was rundumlag, eben der „Wilde Kaiser" war. Die anderen sehen in den markanten Gipfeln und der silbrigen Farbe des Wettersteinkalks eine Kaiserkrone.

Ganz gleich, welcher Theorie man Glauben schenkt: Fest steht, dass der „Koasa" nicht nur Urlaubsgäste sondern auch Einheimische in seinen Bann zieht.

Auf in die Berge

In den frühen Morgen- oder späten Abendstunden ist der Blick auf den **Hintersteiner See** herrlich. Etwa vom Kaisergebirge aus, unterhalb der Steiner Hochalm. Aber auch ein Nachmittag am See, zum Abkühlen nach einer Bergtour, ist in den Sommermonaten ein Genuss.

Auf der Südseite des Wilden Kaisers führen zahlreiche **Wander- und Bikewege** zu malerisch gelegenen Almen und Hütten, die allesamt eine Einkehr wert sind. Kitschig-schön ist die Hinterschießling Alm, die in einer knappen halben Stunde vom Wanderparkplatz aus erreicht ist. Besonders schön sind auch die Kaindlhütte und Stöfflhütte im **Naturschutzgebiet Kaisergebirge**. Etwas mehr Höhenmeter sind es zur Gruttenhütte auf 1.620 Metern, am Fuße des höchsten Gipfels des Wilden Kaiser, dem Ellmauer Halt.

Besonders bei Kletterern ist der **Schleierwasserfall** oberhalb von Going beliebt. Auf der mittelschwierigen Wanderung über die urige Ackerlhütte (nur Getränkeverkauf an Wochenenden) erfrischt man sich entweder selbst am Wasserfall oder beobachtet das Können der Sportkletterer.

Bei Schnee und Eis

Der Winter ist hier geprägt vom Skifahren. Neben der Vielzahl an Bergbahnen und Pisten punktet das **Skigebiet Wilder Kaiser-Brixental** vor allem mit leichten und mittelschweren Pisten, so dass sowohl Anfänger als auch Fortgeschrittene auf ihre Kosten kommen.

Ebenfalls im Angebot sind **Nachtskifahren und Nachtrodeln**, so dass man morgens einfach mal gemütlich im Bett liegen bleiben und abends die Pisten unsicher machen kann.

Schlafen

Direkt an der Bergstation der Salvistabahn in Itter liegt die **KRAFTalm** auf 1.355 Metern. Seit mehr als 130 Jahren ist die Alm familiengeführt, erst kürzlich wurde sie umfassend renoviert und ausgebaut, so dass jedes Zimmer nun mit einer top-modernen und ebenso gemütlichen Einrichtung samt Blick in die Berge überzeugt. Highlight ist das Ski in/Ski Out-Prinzip des Hauses und der Infinity Pool mit Blick auf den Wilden Kaiser.

Barmerberg 24, 6305 Itter
kraftalm.at

Essen

Die alte Schule, die bereits die Großeltern von Hannes und Julia Ager besuchten, ist Namensgeber für das **Restaurant Schulhaus** im Ortskern von Söll. In einem Ambiente, das gemäß des Namens an alte Schulzeiten erinnert, gibt es eine bunte Karte, besonders die Crispy Pizza, der Texas Beef Burger und der Ceasar Salad sind zu empfehlen.

Dorf 128, 6303 Söll
restaurant-bar-schulhaus.at

Eine Hommage an die Großmama ist das **Nani – Café und Concept Store** in Söll. Ein kleines, hippes Café, das neben der Einrichtung vor allem durch ein besonderes Frühstücksangebot wie Porridge, Overnight Oats oder Granola punktet. Aber auch Kuchen und Kaffee sind ausgesprochen gut. Alles hausgemacht, versteht sich!

Dorf 112, 6306 Söll
kaffeenani.com

Skigebiet Wilder Kaiser Brixental

An Sommertagen muss man zum kleinen **Eissalon kEISer**, in einem alten Bauernhaus am Dorfplatz in Going. Mit Milch von Tiroler Bauern und Früchten und Kräutern aus der Region wechseln die verschiedenen Eissorten täglich. Neben Klassikern gibt es ausgefallene Kreationen wie etwa Basilikum oder Ribisel.

Söllnerweg 7, 6353 Going
keiser.at

Knapp 50 Hütten und Almen in der Region Wilder Kaiser, Brixental, Hohe Salve und Kufsteinerland haben sich unter dem Titel **Frühstück am Berg** zusammengeschlossen und bieten Selbstgemachtes und regionale Produkte an. Mit der Bergbahn, zu Fuß oder mit dem Mountainbike geht's hoch auf die Alm, wo man mit den ersten Sonnenstrahlen des Tages die erste Tasse Kaffee genießt.

fruehstueckamberg.at

Einkaufen

Kleine Geschenke und ausgewählte Produkte von heimischen Betrieben, wie Marmeladen, Honig oder Gewürzmischungen findet man im **Ladl** von Inhaberin Marina. Wem Marinas Lieblingsplatzl gut gefällt, bleibt am besten gleich zum Frühstück.

Dorf 54, 6351 Scheffau
lieblingsplatzl.net/ladl

KUFSTEINERLAND

Im Nostalgielift nach oben

Knapp dreißig Minuten dauert die Fahrt mit dem Kaiserlift auf das 1.256 Meter hohe Brentenjoch im Naturschutzgebiet Kaisergebirge. Während die Häuser von Kufstein stetig kleiner werden, lässt einen die Fahrt im nostalgischen Kaiserlift mit jedem Höhenmeter ein bisschen mehr Abschalten.

Langsam schwebt der Sessellift nach oben, lässt zunächst das Tal, dann die Almwiesen und später die Baumwipfel hinter sich, bis sich vor einem die schroffen Gipfel des Zahmen und Wilden Kaisers ausbreiten. An den Liftstützen ziehen kleine Schilder mit Sprüchen, wie „Ist der Berg auch noch so steil, mit dem Lift geht's allerweil“ vorbei und lassen uns Schmunzeln.

Der Kaiserlift wurde 2015 generalsaniert und nach Jahren des Stillstands wieder in Betrieb genommen: Es war eine bewusste Entscheidung, erneut einen Einer-Sessellift zu betreiben und die Ruhe und das Naturerlebnis in den Fokus zu rücken. Heute ist der Kaiserlift einer der letzten zehn Einer-Sessellifte Österreichs.

An der Bergstation angekommen, wartet ein Netz an Wanderwegen – für Genusswanderer ebenso wie für sportlich Ambitionierte. Direkt am Brentenjoch bietet der erste Gipfel ein weites Panorama, leicht zu begehen ist auch der nahegelegene Gamskogel, der neben einem Ausblick auf die Nordwände des Wilden Kaiser auch die Sicht ins Kaisertal ermöglicht. Zahlreiche Hütten und Almen liegen entlang der gut ausgeschilderten Wanderwege und bieten einen schönen Zwischenstopp zur Hütteneinkehr.

Kaisertal

Das Bergmassiv zwischen Zahmem und Wildem Kaiser ist seit vielen Jahren als Naturschutzgebiet ausgewiesen und ein gutes Ziel für Wanderer. Neben der Möglichkeit mit dem Kaiserlift aufs Brentenjoch zu fahren und von dort zu Tages- oder Mehrtagestouren aufzubrechen, ist auch der Besuch des Kaisertals empfehlenswert. Gerade einmal 35 Menschen wohnen in dem kleinen, abgeschiedenen Tal, in das bis 2008 keine einzige Straße führte. Heute können zumindest die Bewohner mit dem Auto ins Tal fahren, Wanderer müssen jedoch den so genannten Kaiseraufstieg mit seinen 290 Stufen bewältigen. Für die Mühe belohnt wird man mit aussichtsreichen Wanderrouten und einladenden Hütten zur Einkehr oder gar zur Übernachtung.

naturerlebnis-kaisergebirge.at

Das Tor zu Tirol

Das Tor zu Tirol, Schauplatz des erfolgreichen Kufsteinliedes und Heimat der berühmten Glasmanufaktur Riedel – das ist die **Festungsstadt Kufstein**. Bei einem Spaziergang durch die Stadt schlendert man durch malerische Altstadtgassen, vorbei am kleinsten Brückenrestaurant der Welt, erahnt mediterranes Flair in den Gastgärten am Stadtplatz und erklimmt natürlich die Festung Kufstein. Besonders schön ist ein Stadtbummel zur Mittagszeit, nämlich dann, wenn die Freiluftorgel der Festung bis weit über die Stadtgrenzen hinaus ertönt.

Auf in die Berge

Vom **Pendling**, dem Hausberg der Kufsteiner, eröffnet sich ein eindrucksvoller 360° Blick auf Kufstein, das Inntal, das Kaisergebirge und die umliegenden Berge und Täler. Hoch geht's auf breiten Forstwegen zu Fuß oder mit dem Mountainbike. Oben angekommen, sollte man am Pendlinghaus das Panorama bei einer Einkehr genießen.

Ans Wasser

Badeplätze, Bootsverleih und eine tolle Kulisse bietet der Thiersee im gleichnamigen Ort, aber auch der Hechtsee oder Stimmersee sind einen Besuch wert.

Bei Schnee und Eis

Die Region um Kufstein ist im Winter das ideale Ziel für Nicht-Skifahrer. Man genießt hier im Winter die verschneite Natur, beim **Winterwandern** ins Kaisertal oder beim **Rodeln** auf der Kala Alm.

Schlafen

Ein gelungener Mix aus Hotel und Berghütte ist der ruhig gelegene **Berg'k'hof** von Florian und Vanessa. Nur zu Fuß zu erreichen, punktet das Haus mit der idyllischen Lage mitten im ruhigen Kaisertal.

Kaisertal 8, 6330 Ebbs
bergkhof.at

Thiersee

Ein Ort zum Wohlfühlen ist das **Juffing Hotel & Spa** in Hinterthiersee. Das hauseigene „Balance Spa“ bietet Ruheoasen, Massage- und Shiatsu-Behandlungen sowie Yoga-Sessions an.
Die Küche trägt eine „Grüne Haube“, was bedeutet, dass Fleischspeisen und vegetarische Gerichte gleich ausgewogen angeboten und nur biologische und regionale Lebensmittel verwendet werden.

Hinterthiersee 79, 6335 Thiersee
juffing.at

Essen

Bei frischem Croissant, hausgemachtem Kuchen und einem Kaffee startet man im **Kleinod** in den Tag. Im Sommer lässt sich der Tag bei einem Glas Wein im Garten im Hinterhof ausklingen.

Kaiserbergstraße 17, 6330 Kufstein
das-kleinod.at

Am **Auracher Löchl** in der Kufsteiner Altstadt führt eigentlich kein Weg vorbei. Die alten Stuben zeugen von der hundertjährigen Geschichte des Hauses, auf der Karte stehen traditionelle Gerichte. Tipp: Wer möglichst viel probieren möchte, bestellt den Tiroler Tapas Teller.

Römerhofgasse 4, 6330 Kufstein
auracher-loechl.at

Bauernbrot mit frischer Butter, Käse, Speck und Marmeladen – ein **Frühstück am Berg** schmeckt einfach doppelt so gut. 22 Hütten in der Region öffnen schon früh für Wanderer und Mountainbiker, wie beispielsweise das Weinbergerhaus mit Blick auf Kufstein.

fruehstueckamberg.at

Trinken

Was 2014 unter Freunden als Hobby begann, ist heute ein erfolgreiches Craft Beer-Unternehmen. Schon mehrfach wurden die kreativen Köpfe der **Bierol Brauerei** für ihr unkonventionelles Bier ausgezeichnet. Im Sortiment: Klassiker wie The Padawan, Mountain Pale Ale und Schwoicher Helles oder Specials wie Gipfe – Farmhouse Season und Hoiz – Rum Barrel Aged Imperial Scout. Vor Ort kann das Bier nicht nur erworben, sondern im Taproom & Restaurant auch direkt verkostet werden.

Sonnendorf 27, 6334 Schwoich
bierol.at

Gin soweit das Auge reicht – im **Stollen 1930** probieren sich Gin-Liebhaber durch eine der größten Sammlungen der Welt, gut 850 verschiedene Sorten gibt es hier.

Römerhofgasse 5, 6330 Kufstein
auracher-loechl.at

Selber machen

Viktoria Fahringer ist mit 22 Jahren Tirols jüngste Hotelière und Chefköchin, ihr Wirtshaus Tiroler Hof wurde im Gault & Millau mit einer Haube ausgezeichnet.
In ihrer hauseigenen **Kochschule** können sowohl Anfänger als auch begeisterte Hobbyköche alles über die richtige Zubereitung von Wildgerichten, veganen Spezialitäten oder besonderen Weihnachtsmenüs lernen.

Am Rain 16, 6330 Kufstein
viktoriashome.at/kochschule

KAISERWINKL

Buntes Treiben am See

Die Region Kaiserwinkl liegt direkt an der bayerischen Grenze, eingebettet zwischen den Chiemgauer Alpen im Norden und dem Kaisergebirge im Süden.

Der Kaiserwinkl ist für gemütliche Wanderer und Radfahrer ein gutes Ziel, mit beschaulichen Dörfern fernab der Touristenmassen und grenzüberschreitenden Touren. In den Sommermonaten rückt der Walchsee in den Fokus der Region.

Da ist zum einen **Stoabeatz**, ein freies Open Air Festival am Südufer des Sees, mit Indie Rock/Pop junger Musiker, Künstlern und Jungdesignern aus der Region, Kreativ-Workshops, leichten Wanderungen und Spielen. Über die Jahre hat sich das Festival zu einem beliebten Event entwickelt und sich dennoch seinen kleinen, persönlichen Charme bewahrt. Auch das **Kino am See** ist ein empfehlenswerter Tipp für laue Sommerabende; mit Kinoleinwand im Wasser, Liegestühlen und Decken am Ufer und den Bergen als Hintergrundkulisse.

Und selbst wenn gerade kein Event stattfindet, bietet der Walchsee als einer der wärmsten Badeseen Tirols (23-26°C) in den Sommermonaten alles, was man für einen abwechslungsreichen Tag am See benötigt: Boots- und SUP-Verleih, Wasserskilauf, Beachvolleyball und Aqua-Funpark.

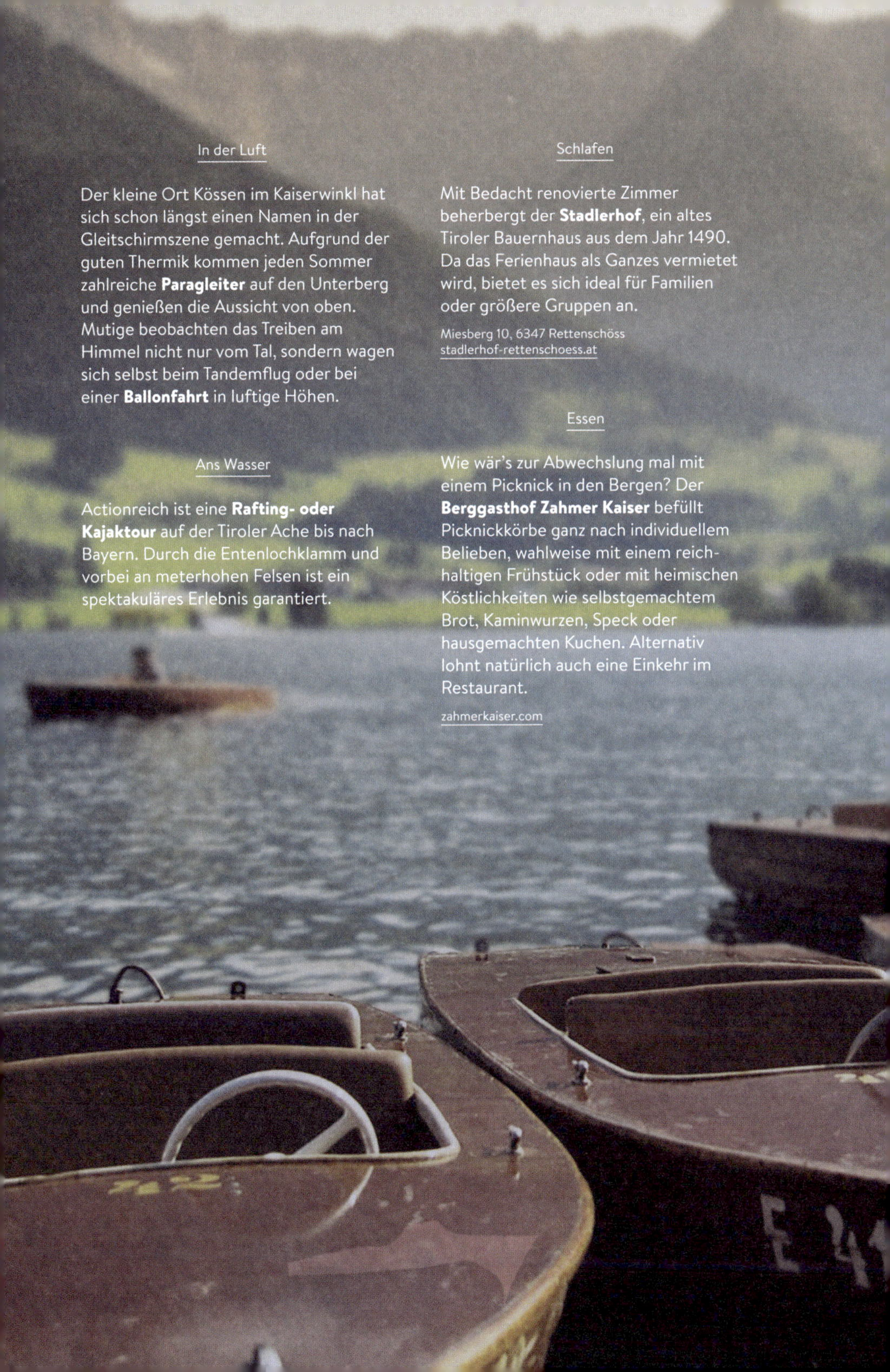

In der Luft

Der kleine Ort Kössen im Kaiserwinkl hat sich schon längst einen Namen in der Gleitschirmszene gemacht. Aufgrund der guten Thermik kommen jeden Sommer zahlreiche **Paragleiter** auf den Unterberg und genießen die Aussicht von oben. Mutige beobachten das Treiben am Himmel nicht nur vom Tal, sondern wagen sich selbst beim Tandemflug oder bei einer **Ballonfahrt** in luftige Höhen.

Ans Wasser

Actionreich ist eine **Rafting- oder Kajaktour** auf der Tiroler Ache bis nach Bayern. Durch die Entenlochklamm und vorbei an meterhohen Felsen ist ein spektakuläres Erlebnis garantiert.

Schlafen

Mit Bedacht renovierte Zimmer beherbergt der **Stadlerhof**, ein altes Tiroler Bauernhaus aus dem Jahr 1490. Da das Ferienhaus als Ganzes vermietet wird, bietet es sich ideal für Familien oder größere Gruppen an.

Miesberg 10, 6347 Rettenschöss
stadlerhof-rettenschoess.at

Essen

Wie wär's zur Abwechslung mal mit einem Picknick in den Bergen? Der **Berggasthof Zahmer Kaiser** befüllt Picknickkörbe ganz nach individuellem Belieben, wahlweise mit einem reichhaltigen Frühstück oder mit heimischen Köstlichkeiten wie selbstgemachtem Brot, Kaminwurzen, Speck oder hausgemachten Kuchen. Alternativ lohnt natürlich auch eine Einkehr im Restaurant.

zahmerkaiser.com

ALPBACHTAL-SEENLAND

Einzigartig gleich

Was andernorts vermutlich auf wenig Gegenlieben stoßen würde, ist im kleinen Dorf Alpbach eine Selbstverständlichkeit: Alle Häuser müssen gleich aussehen, Ausnahmen gibt es hier nicht. Eine Tatsache, die dem Ort einst immerhin den Titel „schönstes Dorf Österreichs“ bescherte.

Gemauertes Erdgeschoss, Holz ab dem ersten Stockwerk und klare Vorgaben in puncto Dachschräge, Gebäudehöhe, Fensterbreite, Balkon und Co – dass Alpbach im gleichnamigen Tal wie aus dem Bilderbuch aussieht und ein Haus dem anderen nahezu gleicht, ist kein Zufall. Diese Tatsache ist auf eine Verordnung der 50er Jahre zurückzuführen, die den charakteristischen Baustil auch für Neubauten regelte.

Die sich ähnelnden Häuser sind auch das erste, was einem bei der Einfahrt in das Dorf auffällt. Rote und weiße Geranien zieren in den Sommermonaten die Balkone und machen Alpbach noch kitschiger, als der Ort ohnehin schon ist. Selbst im Winter, wenn sich eine dicke Schneeschicht auf die Häuserdächer legt, ist der Ortskern immer noch hübsch anzusehen und eine einzige Fotokulisse.

Kennzeichnend für Alpbach ist jedoch nicht nur die Bauweise. Auch die vielen erhaltenen Erbhöfe, die teils auf eine 300-jährige Geschichte zurückblicken, sind einzigartig. Gemeinsam mit über hundert immer noch bewirtschafteten Bauernhöfen sorgt die landwirtschaftliche und touristische Nutzung der Höfe dafür, dass das Ortsbild von Alpbach über Jahre hinweg erhalten bleibt und heute ein unverkennbarer Baustil das Dorf prägt.

Museum

Bei einem Besuch des Museums Tiroler Bauernhöfe in Kramsach lässt sich noch weit mehr über Tirols Bauernhöfe der Vergangenheit erfahren. Mit großer Sorgfalt wurden die Häuser an ihrem ursprünglichen Standort abgetragen und im Freilichtmuseum neu aufgebaut. 37 original erhaltene Bauernhöfe aus ganz Tirol mitsamt Nebengebäuden sowie Säge, Mühle, Schmiede oder gar einer Kapelle und alten Schule sind bei einem Rundgang von außen als auch von innen begehbar.

museum-tb.at

Entdecken

Versteckt am Hang hinter dem Böglerhof in Alpbach liegt die kleine **Lesehütte** aus Lärchenholz, ein besonders ruhiger Ort, der für einen Moment zum Innehalten einlädt. Die mit zahlreichen Büchern ausgestattete Hütte ist ein schöner Rückzugsort, um ein paar ruhige Minuten zu finden.

Auf in die Berge

Ist das Alpbachtal südlich des Inntals vor allem für die Berge und die charakteristische Bauweise bekannt, sind es auf der Nordseite die Seen, die gerade im Sommer locken. Allen voran der idyllisch gelegene **Berglsteiner See**, der durch eine kurze Wanderung zu erreichen ist und eine willkommene Abkühlung bietet. Besonders zum Sonnenauf- und untergang ist die Atmosphäre am Wasser besonders schön.

Eine **Almidylle** wie sie im Buche steht erleben Wanderer bei einer Tour von Inneralpbach zum Almplateau der Stettauer Alm und weiter zur bewirtschafteten Farmkehr Alm. Erstere ist bereits zwischen 400 und 500 Jahren alt und beherbergt noch heute Milchkühe. Auf der urigen Farmkehr Alm genießt man nicht nur das Hüttenessen, sondern auch den Blick aufs Wiedersberger Horn und talauswärts bis nach Alpbach.

Fast noch ein Geheimtipp ist der **Zireiner See** im Rofangebirge. Was mitunter auch daran liegt, dass es der Zustieg mit 844 Höhenmetern durchaus in sich hat und einige steile Abschnitte beinhält. Doch die Mühe lohnt sich, ist der Zireiner See doch einer der schönsten Bergseen im Tiroler Unterland. Auf dem Rückweg belohnt man sich am besten mit einer Einkehr in Anderl's Almhütte.

Bei Schnee und Eis

Gemütliche eineinhalb Stunden Gehzeit sind es zur urigen **Faulbaumgartenalm** in Inneralpbach. Nicht nur die Einkehr in der urigen Alm selbst, auch der Weg lohnt aufgrund der verschneiten Landschaft mit Blick auf den Talschluss. Retour zum Ausgangspunkt geht es zu Fuß oder mit dem Rodel.

Ein ganz besonderes Erlebnis in der Vorweihnachtszeit ist der Besuch des **Rattenberger Advents**. Dann verwandelt sich die kleinste Stadt Österreichs jedes Wochenende sowie am 8. Dezember in ein Lichtermeer aus Kerzenschein und Feuerstellen.

Skifahrer erwartet im SkiJuwel Alpachtal-Wildschönau eine Vielzahl an Pisten. Neben besonders schönen Hütten in toller Kulisse, wie etwa der Kafner Alm, der Schatzbergalm oder der Böglalm, ist auch das **First Line Skiing** ab 7 Uhr morgens ein besonderes Highlight (ab März).

Am Pool der Alpacherin

Schlafen

Lange Zeit eine einfache Pension im Zentrum von Alpbach, haben Gastgeber Lisa und Georg das einstige Haus Angelika in ein Boutiquehotel mit schicken Zimmern, Wellnessbereich und Restaurant verwandelt. Besonderes Highlight im **Die Alpbacherin**: der Infinity Pool auf dem Dach mit Blick auf den Ort.

Alpbach 405, 6236 Alpbach
die-alpbacherin.com

Außen geprägt von der traditionellen Alpbacher Bauweise, entpuppen sich die Appartements und Ferienwohnungen der **Alpbach Lodge** im Inneren als zeitgenössisches Urlaubsdomizil mit unschlagbarem Bergpanorama von den Balkonen und den Terrassen.

Alpbach 419, 6236 Alpbach
alpbach-lodge.at

Essen

Unbedingt probieren: **Brandenberger Prügeltorte** (etwa im Kaiserhaus in Brandenberg), **Alpbachtaler Heumilchkäse** (Verkaufsladen in der Käserei Reith) und die **Tirol pur Hüttenjause**, etwa auf der urigen Böglalm (mit Heumilchkäse und Speck vom Bauern, frisch gebackenem Brot und einem Schnapserl zum Abschluss).

Fast 600 Jahre alt ist der **Gasthof Herrnhaus** in Brixlegg. Heute ist er ein gutbürgerliches Wirtshaus. Die historischen Stuben bieten ein besonderes Ambiente für die ausgezeichnete Tiroler Küche.

Herrnhausplatz 1, 6230 Brixlegg
herrnhaus.at

Die vermutlich beste Adresse in Alpbach für ein ausgiebiges Frühstück ist das kleine, detailverliebte **Café Genuss**. Egal ob das reichhaltige Buffet oder die kleinere Frühstückskarte – am besten bringt man etwas Zeit zum Entdecken und Genießen mit.

Hnr. 445, 6236 Alpbach
cafe-genuss.at

Ebenfalls tolles Frühstück gibt es bei **Das Gwiggner** in Rattenberg.

Südtirolerstraße 41, 6240 Rattenberg
dasgwiggner.at

Einkaufen

Ein bunter Mix aus Café mit Laden ist das **Flachländer**. Es gibt täglich frisches Brot, Feingebäck und Kuchen, den man mit einem Kaffee auf den Bänken in der Sonne vor dem Laden genießt, bevor man durch schöne Deko-Artikel und Spielzeug stöbert.

Alpbach 701, 6236 Alpbach

Handgebundene Kränze, Blumenarrangements und Sträuße findet man bei **Floresther** von Inhaberin Esther ebenso wie Wohn- und Modeaccessoires für Groß und Klein. Es lohnt sich, etwas Zeit mitzubringen, um in Ruhe die stilvolle Auswahl zu betrachten.

Zentrum 57, 6233 Kramsach
floresther-shop.at

Selber machen

Glasblasen, wie es **Kisslinger Kristall-Glas** im kleinen Städtchen Rattenberg betreibt, ist ein jahrhundertealtes Tiroler Handwerk, das bei einer Besichtigung der Produktion erlebt werden kann. Wer sich selbst im Glasblasen versuchen möchte, bucht einen individuellen Termin und bläst unter Anleitung der Handwerksmeister eine eigene Kristallglaskugel zum mit nach Hause nehmen.

Südtirolerstraße 24, 6240 Rattenberg
kisslinger-kristall.com

Ungewöhnlich

Entweder man mag ihn, oder man mag ihn nicht. Der Krautinger ist ein aus Weißer Stoppelrübe hergestellter Schnaps, der nur in der Wildschönau gebrannt wird.

Die Einwohner schwören auf die heilsame Wirkung, soll er doch besonders gut bei Magenverstimmung oder sonstigen Wehwehchen sein. Doch schon der Geruch beim Öffnen der Flasche ist – ebenso wie der Geschmack – gewöhnungsbedürftig. Einen Schluck zum Probieren ist er dennoch wert, denn der Krautinger wird sonst nirgendwo in Tirol gebrannt. Aber Vorsicht – ich habe dich hiermit gewarnt.

Auf in die Berge

Im Talschluss der Wildschönau liegt die **Schönangeralm**, eine Gemeinschaftsalm mit Schaukäserei. Nach einer Verkostung kann man von hier aus die hinteren Berge der Wildschönau besteigen. Die Gressensteinalm auf 1.805 Metern, die höchste bewirtschaftete Alm des Tiroler Unterlands, ist in knapp zwei Stunden Gehzeit erreicht.

Die Wildschönau ist noch ein Geheimtipp in Sachen **Mountainbiken**. Sanfte Grasberge und urige Hütten zieren die Strecken. So etwa auf der MTB-Tour von Niederau über die Norderbergalm und das Markbachjoch zurück zum Ausgangspunkt.

In die Luft

Das Markbachjoch ist ein beliebtes Gebiet für **Paragleiter**. Mutige belegen einen Paragleitkurs oder buchen einen Tandemflug, Neugierige beobachten das bunte Treiben am Himmel von der nahegelegenen Markbachjochalm oder dem Hängemattenplatz unweit der Alm.

Bei Schnee und Eis

Von der Wildschönau ist das **SkiJuwel Alpbachtal-Wildschönau** zu erreichen, so dass Skihaserl in einem der größten Skigebiete Österreichs über die Pisten wedeln können.

Ähnlich schnell oder, je nach persönlichem Belieben, etwas gemütlicher ist hingegen eine **Rodeltour am Schatzberg**, wo gleich mehrere Abfahrten warten.

Schlafen

Ein wunderschöner Bergbauernhof für bis zu 10 Personen ist der **Tradlhof** von Maria und Walter Klingler. Herzstück des Hauses mit drei Zimmern ist die gemütliche Stube. Die urigen Zimmer lassen das einfache Leben von einst erahnen, heute ist der Tradlhof aber hochwertig ausgestattet, so dass es bei einem Aufenthalt an Nichts fehlt.

Hochzeil 231, 6311 Thierbach
urlaubambauernhof.at/hoefe/tradl

Zauberhütte in der Wildschönau, charmante und vollausgestattete Almhütte am Waldrand mit Blick über die Kitzbüheler Alpen.

Zauberwinkelweg 286, 6311 Wildschönau
zauberhuette-wildschoenau.com

Anschauen

Im Herbst kehren die Tiere beim **Almabtrieb** von den Almen zurück ins Tal. Als Dank, dass sie den Sommer in den Bergen unbeschadet überstanden haben, werden die Herden farbenfroh geschmückt und in ausgelassener Stimmung im Tal empfangen.

ACHENSEE

Karibisches Flair in den Bergen

Eine Alm, die nur zu Fuß oder mit dem Schiff zu erreichen ist: Was zunächst nicht unbedingt nach den Alpen klingt, ist ein beliebtes Ausflugsziel mit Wanderung entlang des Westufers des Achensees.

Karibikfeeling in den Alpen? Mag vielleicht etwas vermessen klingen, wer jedoch schon einmal die türkis- und blaufarbenen Töne des Achensees gesehen hat, ist vielleicht doch überzeugt. Nicht nur am Südufer, wo das Wasser flach ist und der Untergrund aus weißem Sand besteht, auch entlang des Gaisalmsteigs am Westufer eröffnen sich immer wieder Ausblicke auf türkisfarbene Buchten.

In gemütlichem Auf und Ab führt der Steig zwischen Pertisau und Achenkirch in leichter Anhöhe entlang des Sees, immer wieder kann man zu einsamen Buchten hinab steigen und an heißen Tagen den Sprung ins kalte Nass wagen. Denn kalt ist der See selbst im Hochsommer, nur selten steigt das Thermometer auf über 22°Celsius. Kurz vor der Gaisalm gilt es einen kurzen, steilen Abschnitt zu passieren, ist dieser geschafft, kann man auf der großen Almwiese durchschnaufen. Hungrige stärken sich auf der Gaisalm.

Diese rund 2,5-stündige Wanderung kann in beide Richtungen begangen werden. Die Tour bietet keine nennenswerten Schwierigkeiten, an heißen Tagen kommt man dennoch ins Schwitzen. Wer die Wanderung frühzeitig beenden möchte, nimmt ab der Gaisalm das Schiff zurück zum Ausgangspunkt, ansonsten geht es nach Erreichen von Pertisau bzw. Achenkirch ebenfalls mit dem Schiff zurück zum Ausgangspunkt.

Achensee

Das schwarze Gold im Berg

Wer am Achensee den Spa-Bereich seiner Unterkunft nutzt, wird unweigerlich mit **Tiroler Steinöl** in Berührung kommen. Seit mehr als 115 Jahren wird das schwarze, stark riechende Öl hier gewonnen und ist als fester Bestandteil der Tiroler Pflege- und Hausmittel nicht mehr wegzudenken. Durch die spezielle Zusammensetzung und den hohen Gehalt an natürlich gebundenem Schwefel wird dem Tiroler Steinöl eine wohltuende und pflegende Wirkung nachgesagt. Daher wird das Öl heute als Pflegemittel für Haut und Haar sowie als Hausmittel für den schmerzenden Bewegungsapparat oder rheumatische Beschwerden eingesetzt. Seit jeher in Handarbeit hergestellt, ist es in Form von Ölbädern, Cremes, Salben, Lotions, aber auch Seifen, Duschbädern und Shampoos erhältlich.

Von Juli bis Oktober kann man sich bei einer geführten Wanderung auf die Spuren der **Steinölbrennerei im Bächental** begeben. Der Tagesausflug führt durch das Unterautal zunächst auf den Gröbner Hals auf 1.650 Metern, von wo aus man einen tollen Blick in den Naturparkt Karwendel hat. Anschließend folgt der Abstieg zum Wohnhaus der Familie Albrecht, die heute in vierter Generation das Familienunternehmen der Steinölbrennerei führt. Nach einer kurzen Einkehr wartet eine Führung durch die Steinölbrennerei. Mit dem Bus geht es nach der Besichtigung über den Sylvenstein-Stausee auf bayerischer Seite zurück nach Pertisau. Die Wanderung erfolgt auf einfachen Wegen, erfordert aufgrund der 700 Höhenmeter im Aufstieg jedoch etwas Ausdauer und Kondition.

steinoel.at

Ans Wasser

Segeln, Surfen, Kiten, SUPen oder einfach nur Baden – der Achensee, auch das Meer der Tiroler genannt, bietet im Sommer alle Möglichkeiten des **Wassersports**. Es gibt zahlreiche öffentliche Badeplätze zum Sonnen und Schwimmen.

Auf in die Berge

Die Aussicht vom 1.991 Meter hoch gelegenen **Bärenkopf** zählt zu einer der spektakulärsten in der Region. Die abwechslungsreiche Wanderung führt in rund drei Stunden auf kleinen Steigen und Pfaden abschnittsweise steil nach oben, kann durch die Karwendel-Bergbahn jedoch um knapp die Hälfte Gehzeit reduziert werden. Auf dem Rückweg unbedingt in der Bärenbadalm einkehren.

Wie ein Postkartenmotiv liegt die urige **Dalfaz Alm** auf 1.693 Metern über dem Achensee und belohnt Wanderer mit einem tollen Ausblick über den See und ins Karwendelgebirge. Der Zustieg ist in einer gemütlichen Wanderung ab der Bergstation der Rofanseilbahn möglich, wer mehr Höhenmeter und Gehzeit zurücklegen möchte, beginnt die Wanderung im Tal. Auf der Alm kann man auch übernachten.

Abwechslungs- und aussichtsreich ist die **Mountainbiketour rund um die Unnütz-Gipfel**, die sowohl für normale als auch E-Bikes empfehlenswert ist. Neben rasanten Abfahrten und weitreichenden Ausblicken warten die Kögl- oder Schönjochalm zur Einkehr.

Bei Schnee und Eis

Eine Wanderung durchs Winterwonderland ist die **Rundwanderung am Rofan**. Nachdem es mit der Rofanseilbahn auf 1.834 Meter geht, führt die Tour in einer Stunde Gehzeit vorbei an verschneiten Almen und wieder zurück zum Ausgangspunkt, wo man sich in der Erfurter Hütte mit Blick auf den Achensee aufwärmen kann.

Ob zu Fuß, auf Langlaufskiern oder mit der Pferdekutsche – ein Ausflug in die verschneiten **Karwendeltäler** verspricht Ruhe. Die einsam gelegene Sennhütte Falzthurn und die Gramai Alm laden zur Einkehr.

Schlafen

Direkt am Seeufer liegt das schicke **Seehotel Einwaller** mit privatem Badesteg und Panorama Spa auf dem Dach. Für besondere Anlässe fragt man nach dem 1.000 Sterne Rooftop-Zimmer.

Seepromenade 15, 6213 Pertisau
einwaller.at

Der **Mesnerhof-C** in Steinberg am Rofan, ein 400 Jahre altes Bauernhof-Ensemble, ist perfekt für große Familien und Freundesgruppen.

H-Nr. 4, 6215 Steinberg am Rofan
mesnerhof-c.at

Essen

Uriger geht's nicht! Die **Sennhütte Falzthurn** liegt in den Karwendeltälern und ist in fester Hand von Marianne und Frank. Bei offenem Kaminfeuer schmecken die Käsespätzle in der kuschelig-engen Stube gleich doppelt so gut.

6213 Pertisau 26a
facebook.com/SennhuetteFalzthurn

Hochwertige Produkte so natürlich wie möglich zubereitet – so lautet die Philosophie der **Essbar**. Von Pasta über Fisch bis hin zu Steaks wird hier wahnsinnig lecker gekocht.

Karwendelstraße 83, 6213 Pertisau
hotelsonnenhof.at/essbar-bar-restaurant-pertisau

Salate, Bowls, Burger und Tapas gibt's in der stylischen **Seebar** direkt am Wasser. Aber auch der erste Kaffee des Tages kann man hier hervorragend genießen.

Seepromenade 14, 6213 Pertisau
seebar.at

ZILLERTAL

Grandhotel auf 2.000 Metern

Bereits auf den letzten Metern vor Erreichen der Berliner Hütte ist der immer größer werdende Bau ein imposanter Anblick. Doch wer erst einmal die prunkvolle Empfangshalle betreten hat, kommt aus dem Staunen gar nicht mehr heraus.

Ein riesiger Kronleuchter aus Holz hängt von der Mitte des Raums herab, hohe Wände, historische Bilder und ein herrschaftlich anmutender Treppenaufgang empfangen einen beim Betreten der Halle. Wo sich heute die Rezeption befindet, war einst noch das Postamt. Selbst eine eigene Schuhmacherwerkstatt hatte die Berliner Hütte vorzuzeigen.

In mühevoller Handarbeit wurde sie 1879 ursprünglich als kleines Schutzhaus erbaut und immer wieder erweitert. Beim Betreten der Empfangshalle fühlt man sich in das frühe 20. Jahrhundert zurückversetzt und ahnt, welch noble Gesellschaften hier einst zugange waren.

Wer sich früher oder später vom ersten Eindruck lösen kann und weiter eintritt, bestaunt den ebenso imposanten Speisesaal. Die Berliner Hütte ist ein alpiner Prunkbau, der mehr einem Grandhotel als einer alpinen Hütte gleicht.

Heute sind es Wanderer, die auf einer Ein- oder Mehrtagestour hier einkehren und sich traditionelle Gerichte mit Blick auf die umliegenden Gletscher schmecken lassen.

Die Berliner Hütte ist eine Schutzhütte der Sektion Berlin des Deutschen Alpenvereins und beliebtes Etappenziel des mehrtägigen Berliner Höhenweges, aber auch idealer Ausgangspunkt für Tagestouren zum Wandern oder Klettern im Zillertal. Der Zustieg erfolgt vom Bergsteigerdorf Ginzling aus in rund drei Stunden Gehzeit. Über 100 Gäste haben in den Doppel- und Mehrbettzimmern sowie im Matratzenlager Platz.

berlinerhuette.at

Auf in die Berge

Entweder vom Tal oder von der Mautstation an der Zillertaler Höhenstraße führt eine **gemütliche Wanderung** in Ried zur Hochalm. In einer schönen Almenlandschaft gelegen, bietet die kleine, urige Alm tolle Ausblicke über das Zillertal. Generell sind die Almen entlang der **Zillertaler Höhenstraße** stets ein guter Einkehrtipp.

Wer sich erstmals an das Abenteuer **Klettersteig** heranwagt, ist beim Gasthaus Zimmereben gut aufgehoben. Drei Klettersteige in unterschiedlichen Schwierigkeitsgraden führen bis hoch zum Gasthaus. Es gibt einen Verleihservice direkt am Einstieg. Abenteuerlicher ist der #**Schlegeis131**, ein Klettersteig hoch auf die Schlegeis Staumauer.

Vom Bergsteigerdorf Ginzling bis zum höchsten Gipfel des Zillertals auf über 3.500 Metern erstreckt sich der **Hochgebirgs-Naturpark Zillertaler Alpen**. Den ganzen Sommer über werden geführte Touren gegen einen kleinen Unkostenbeitrag angeboten, etwa die anspruchsvolle Tour zum idyllischen Eiskarsee oder die gemütliche Almenrunde im Bergsteigerdorf Ginzling.

naturpark-zillertal.at

Sherpas, Gebetsmühlen und tibetische Gebetsflaggen – wer hätte gedacht, dass sich am Ende eines kleinen Seitentals im Zillertal ein Ort findet, der an das Hochland in Tibet erinnert? Ausgehend vom Stausee Zillergrund führt eine gemütliche Wanderung ohne nennenswerte Höhenmeter immer am Ufer des türkis-grünen Wassers entlang, bis langsam in der Ferne bunte tibetische Flaggen zu erkennen sind. Vorbei an kleinen Holzhütten, einigen Gebetsmühlen und einem Wasserrad ist kurz darauf die Hohenaualm erreicht. Mit zwei kleinen Stuben und wenig Platz, dafür einem umso schöneren Blick auf die Zillertaler Alpen, werden hungrige Wanderer hier empfangen. Und während man auf die kalte Jause wartet und die Landschaft auf sich wirken lässt, wird einem klar, wieso dieser Ort hier **Klein Tibet** genannt wird.

Bei Schnee und Eis

Am **Hintertuxer Gletscher** kann man 365 Tage im Jahr Skifahren und ganzjährig den Natur Eis Palast besuchen. Bei einer geführten Tour geht es durch begehbare Gletscherspalten, vorbei an gefrorenen Wasserfällen und über einen Gletschersee. Wem das alles noch nicht Abenteuer genug ist, bucht eine SUP- oder Kajak-Session.

hintertuxergletscher.at

Es warten über 540 Pistenkilometer mit unterschiedlichen **Skirunden** darauf, entdeckt zu werden. Da wäre die Genussrunde durch Hochzillertal-Hochfügen, die actionreiche Höhenmeter-Fresser-Runde in Mayrhofen oder die Gletscher-Runde durch die Ski- & Gletscherwelt Zillertal 3000.

Freeride-Lines in unterschiedlichen Schwierigkeitsgraden lassen einen in das Erlebnis **Tiefschneefahren** eintauchen – für Neulinge auch mit einem erfahrenen Guide.

Schlafen

Mehr als 130 Jahre ist der alte Bergbauernhof alt, heute versteckt sich im Inneren das moderne Hideaway **Brandleit**. Perfekt für eine Auszeit zu zweit oder mit einer Gruppe von Freunden.

Kapellstraße 33, 6265 Hart im Zillertal
brandleit.at

Natur Eis Palast

Erst klassischer Gasthof, dann Pop-Up-Hotel und jetzt Boutiquehotel. Silvia Gschösser und Markus Rist haben mit viel Geschick das **Mari Pop** zu einer angesagten Unterkunft verwandelt, die urbanes Flair und Natur miteinander vereint.

Großriedstraße 16, 6273 Ried im Zillertal
maripop.at

Gerade mal 10 Zimmer machen **Emma's kleines Hotel** zu einem persönlichen und familiären Rückzugsort im Zillertal. Gastgeberin Michaela Totschnig hat die alte Pension mit viel Liebe zum Detail renoviert und einen Mix aus modernen Elementen und Vintage Stil geschaffen.

Talstraße 55, 6284 Ramsau im Zillertal
emmas.tirol

Essen

Die geschichtsträchtige Stube **Landgasthof Linde** bietet gehobene, schmackhafte Wirtshausküche.

Dorf 2, 6275 Stumm
landgasthof-linde.at

2.147 Meter Höhe, 360° Panoramaterrasse und chilliger Sound – ganz gleich, ob man die **Kristallhütte** als Einkehrschwung an einem Skitag oder zum Sundowner im Sommer besucht: es lohnt sich. Nicht nur das Ambiente, auch die Kulinarik ist top. Und wer nicht genug bekommt, kann auch auf der Hütte übernachten.

Skigebiet Hochzillertal
kristallhuette.at

Eigentlich könnte das **Goldkind** genauso gut in einer Großstadt zu finden sein – stattdessen lädt es mitten in Mayrhofen zum Frühstück, Lunch oder Abendessen ein. Nicht zu vergessen die Kuchenauswahl.

Hauptstraße 449, 6290 Mayrhofen
facebook.com/dasgoldkind.at

Einkaufen

Schönes zum Verschenken oder selbst Behalten gibt es in **Lisas Laden**. Das kunterbunte Sortiment reicht von Geschirr über Deko-Artikel bis hin zu Kindermode und Spielzeug.

Hauptstraße 480, 6290 Mayrhofen
lisas-laden.at

Feiern

Alljährlich am ersten Wochenende im Mai findet in Zell am Ziller das traditionelle **Gauder Fest**, Österreichs größtes Frühlings- und Trachtenfest, statt. Wer Lust auf volkstümliche Musik, typische Tiroler Schmankerl und ein buntes Rahmenprogramm mit Rummelplatz und Spielen hat, lässt sich von den rund 30.000 Besuchern besser nicht abschrecken.

gauderfest.at

Selber machen

Unter fachkundiger Anleitung näht man beim **Dirndlnähkurs** während eines einwöchigen Aufenthalts im Almhof sein eigenes Dirndl. Der Vormittag wird mit Nähmaschine und Stoff in der Almwerkstatt verbracht, nachmittags bleibt Zeit für die Berge. Zum Abschluss wartet ein Gala Dinner mit Präsentation des eigenen Dirndls. Termin jährlich im Spätsommer.

Hochfügen 30, 6264 Fügenberg
hotel-almhof.at

SILBERREGION KARWENDEL

Bäume, soweit das Auge reicht

2.300 Ahornbäume, einige davon bis zu 700 Jahre alt: Der Große Ahornboden im Karwendelgebirge ist im Herbst ein richtiges Naturschauspiel. Die Hochebene ist aus Tirol nur zu Fuß zu erreichen. Wer mit dem Auto zur Engalm möchte, muss den Weg über das deutsche Hinterriss nehmen.

Eigentlich spielt es keine Rolle, ob man den Großen Ahornboden im Sommer oder Winter besucht – denn spektakulär ist das Meer an Bäumen vor den schroffen Felswenden des Karwendelgebirges zu jeder Jahreszeit. Doch einmal im Jahr ist der Anblick besonders beeindruckend – nämlich dann, wenn sich die Blätter im Herbst zu färben beginnen und die Ahornbäume im warmen Sonnenlicht erstrahlen.

Auf rund 240 Hektar verteilt stehen die zahlreichen Ahornbäume, umgeben von grünen Almwiesen. Im Sommer grasen hier rund 500 Kühe, die so wie die Bauern den Sommer auf den Hütten der Engalm verbringen.

Urig sind die wenigen Holzhütten, die seit Jahrzehnten hier stehen und von Wind und Wetter gezeichnet sind. Besonders ist auch, dass die Milch der Kühe täglich vollständig auf der Engalm verarbeitet wird. In der kleinen Käserei werden Butter und Käse hergestellt, die nebenan im Bauernladen verkauft werden. Interessierte Besucher können immer vormittags bei der Käseproduktion zusehen. Vom Parkplatz aus führen einfache Wege zur Engalm.

Wer den Großen Ahornboden und die Engalm besucht, findet im Winter einfache Winterwanderwege und Langlaufloipen vor. Im Sommer lohnt sich ein Tagesausflug ebenso wie die Möglichkeit, auf der Engalm zu übernachten und zu Tagestouren in das umliegende Karwendelgebirge aufzubrechen.

Kellerjoch

Auf in die Berge

Durch seine exponierte Lage ist das **Kellerjoch** ein beliebter Berg für eine **Sonnenaufgangswanderung**. Rund 440 Höhenmeter sind ab der Bergstation Hecherhaus bis zur Kapelle am Kreuzjoch zurückzulegen, anfangs einfach, später steiler und abschnittsweise ausgesetzt. Beim Abstieg lohnt die Einkehr in die Kellerjochhütte.

Dass es im **Alpengasthof Loas** eines der besten Schnitzel in Tirol gibt, ist schon lange kein Geheimnis mehr. Vielleicht liegt es daran, dass die rund 45-minütige, einfache Wanderung in das urige Wirtshaus die Vorfreude entsprechend steigert. Die Wanderung lässt sich infolge beliebig erweitern, etwa zum Loassattel, wo Hängematten zum Entspannen einladen, oder weiter auf den Kleinen Gamsstein, der gerade bei **Sonnenuntergang** eine Besteigung wert ist.

Durch den Fels

Die **Wolfsklamm** ist gerade an heißen Sommertagen ein kühles Ausflugsziel. Über einen Wandersteig geht es vorbei an steil abfallenden Schluchten und tosenden Wasserfällen. Die Rundwanderung führt über das Felsenkloster St. Georgenberg zurück an den Ausgangspunkt.

Bei Schnee und Eis

500 Höhenmeter in rund 1,5 Stunden Gehzeit sind auf dem Weg zur **Weidener Hütte** zurückzulegen. Belohnt wird man mit den verschneiten Tuxer Alpen und leckerem Essen in der Hütte. Hinab ins Tal geht es dann auf dem Rodel.

Im kleinen **Almdorf in Nons** auf 1.785 Metern Höhe gibt es keine Einkehrmöglichkeit, der Weg durch die verschneite Landschaft ist trotzdem schön. Knapp 500 Höhenmeter legt man auf der einfachen Winterwanderung zurück, ins Tal gelangt man über die Naturrodelbahn.

Schlafen

Mitten im Wald liegt die 70 Jahre alte **Waldhütte** auf Selbstversorgerbasis. Die hochwertig und liebevoll ausgestattete Hütte kann ganzjährig gemietet werden, Wanderwege und Rodelbahnen führen direkt von der Haustür weg.

Hoferweg 35, 6136 Hochpillberg
wald-huette.at

Hoch über dem Inntal, mit weitreichenden Blicken liegt das **Biohotel Grafenast** in Pill. Auf natürliche Materialien und Zutaten wird sowohl auf den Zimmern als auch in der Küche geachtet. Für die Vielfalt an vegetarischen Gerichten gab es die „Grüne Haube", gerne serviert man auch vegane Gerichte. Besonders ist die Glamping-Übernachtung im Luxus-Natur-Pavillon.

Pillbergstraße 205, 6136 Pill
grafenast.at

Essen

Beim **Hüttegg** am Weerberg kehrt man ein, um Schmankerl wie etwa das Hüttegg Pfandl oder das Tiroler Cordon Bleu mit Speck direkt vom Weerberg zu essen. Auf der Sonnenterrasse mit 360° Panorama schmecken sie besonders gut.

Zallerstraße 81, 6133 Weerberg
huettegg.at

Direkt in der Altstadt liegt das älteste Gasthaus von Schwaz, das **Tippeler**. Neben Klassikern der Wirtshausküche gibt es eine Auswahl an Steaks, serviert in einer der traditionellen Stuben.

Burggasse 6, 6130 Schwaz
tippeler.at

Unscheinbar liegt die **Café Konditorei Shivani** an der Hauptstraße in Vomp. Beim Betreten offenbart sich jedoch ein kleines, gemütliches Juwel, in dem man Stunden verbringen könnte. Vom reichhaltigen Frühstücksangebot bis hin zu verführerischen Torten und Kuchen wird hier jeder fündig.

Josef-Heiß-Straße 9, 6134 Vomp
cafeshivani.at

Einkaufen

Deko und Geschirr im Shabby- und Landhausstil, Feinkost und kleine Geschenke findet man im **Blickwink'l**. Es lohnt sich, nicht nur nach einem Mitbringsel für Daheimgebliebene, sondern auch für sich selbst zu stöbern.

Franz-Josef-Straße 27, 6130 Schwaz
instagram.com/blickwinkl__

Die einladende Atmosphäre ihres Concept Stores in der Schwazer Altstadt ist **Petra König** besonders wichtig – und das spürt man bereits beim Betreten. Stylische Wohnaccessoires finden sich ebenso im Sortiment wie Taschen, Schmuck, Hauptpflegeprodukte und so manche Feinkost.

Andreas-Hofer-Straße 4, 6130 Schwaz
petrakoenig.at

Loassattel

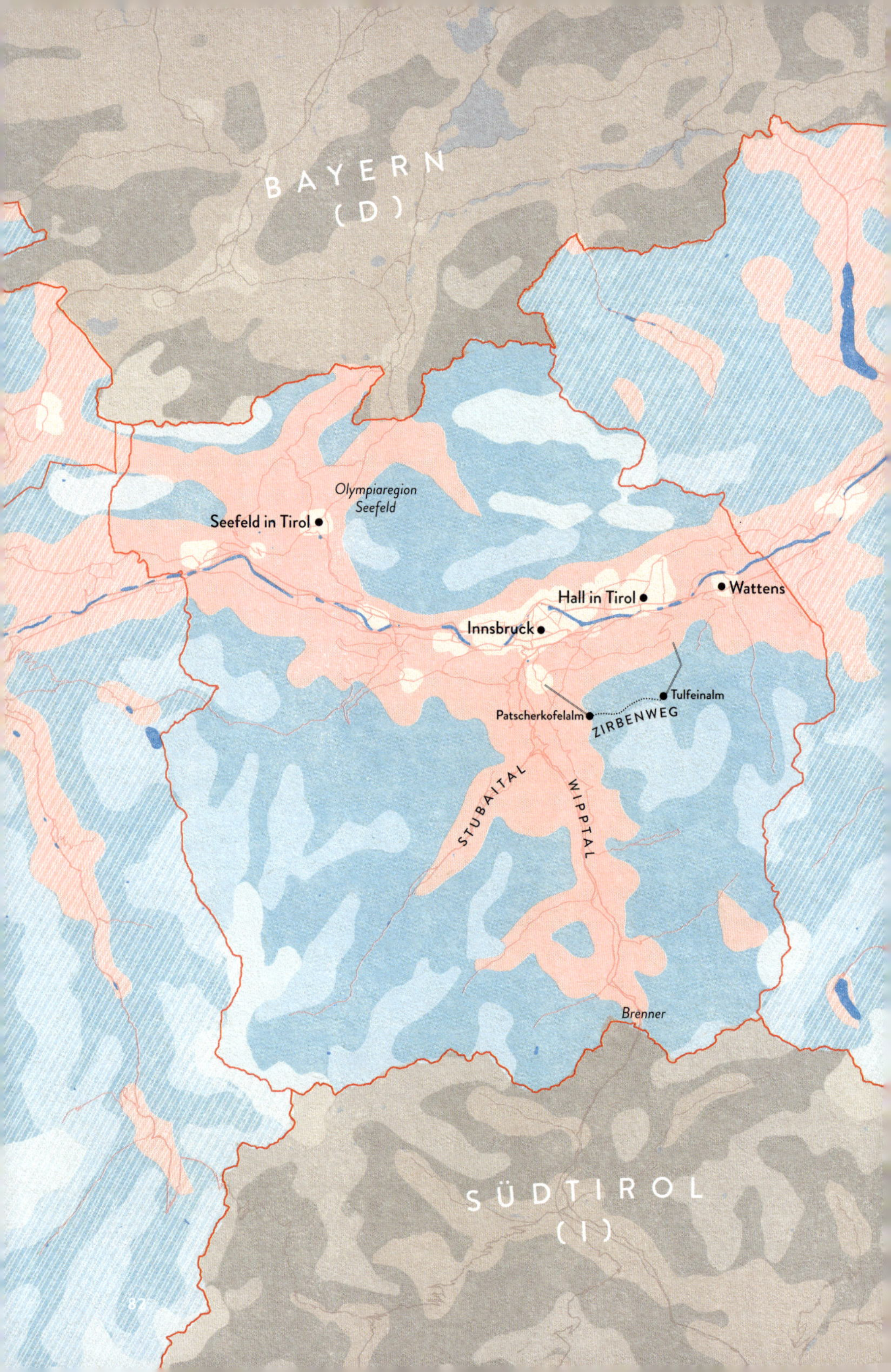
BAYERN
(D)
Olympiaregion
Seefeld
Seefeld in Tirol
Hall in Tirol
Wattens
Innsbruck
Tulfeinalm
Patscherkofelalm
ZIRBENWEG
STUBAITAL
WIPPTAL
Brenner
SÜDTIROL
(I)

Innsbruck und Umgebung

Nirgendwo sonst liegen geschäftiges Treiben und abgeschiedene Ruhe so nah beisammen wie in Innsbruck und Umgebung. Während die Landeshauptstadt von Sightseeing über Shopping bis hin zu kulturellen Angeboten und Events so allerhand für einen kurzweiligen Städtetrip zu bieten hat, findet man in den Regionen Hall-Wattens, Stubai- und Wipptal sowie in der Olympiaregion Seefeld eindrucksvolle Berge, die schnell von Innsbruck aus zu erreichen sind.

STÄDTETRIP

48 h Innsbruck

Vormittags am Berg, nachmittags mitten in der Stadt – in Innsbruck liegen Natur und Urbanität nah beisammen, gelangt man doch in gerade mal zwanzig Minuten vom Stadtzentrum auf über 2.000 Meter Höhe. Damit bei einem Aufenthalt neben Sightseeing und Stadtbummel auch ausreichend Zeit für eine Wanderung und die obligatorische Hütteneinkehr bleibt, verbringen wir mindestens 48 Stunden in Tirols Landeshauptstadt.

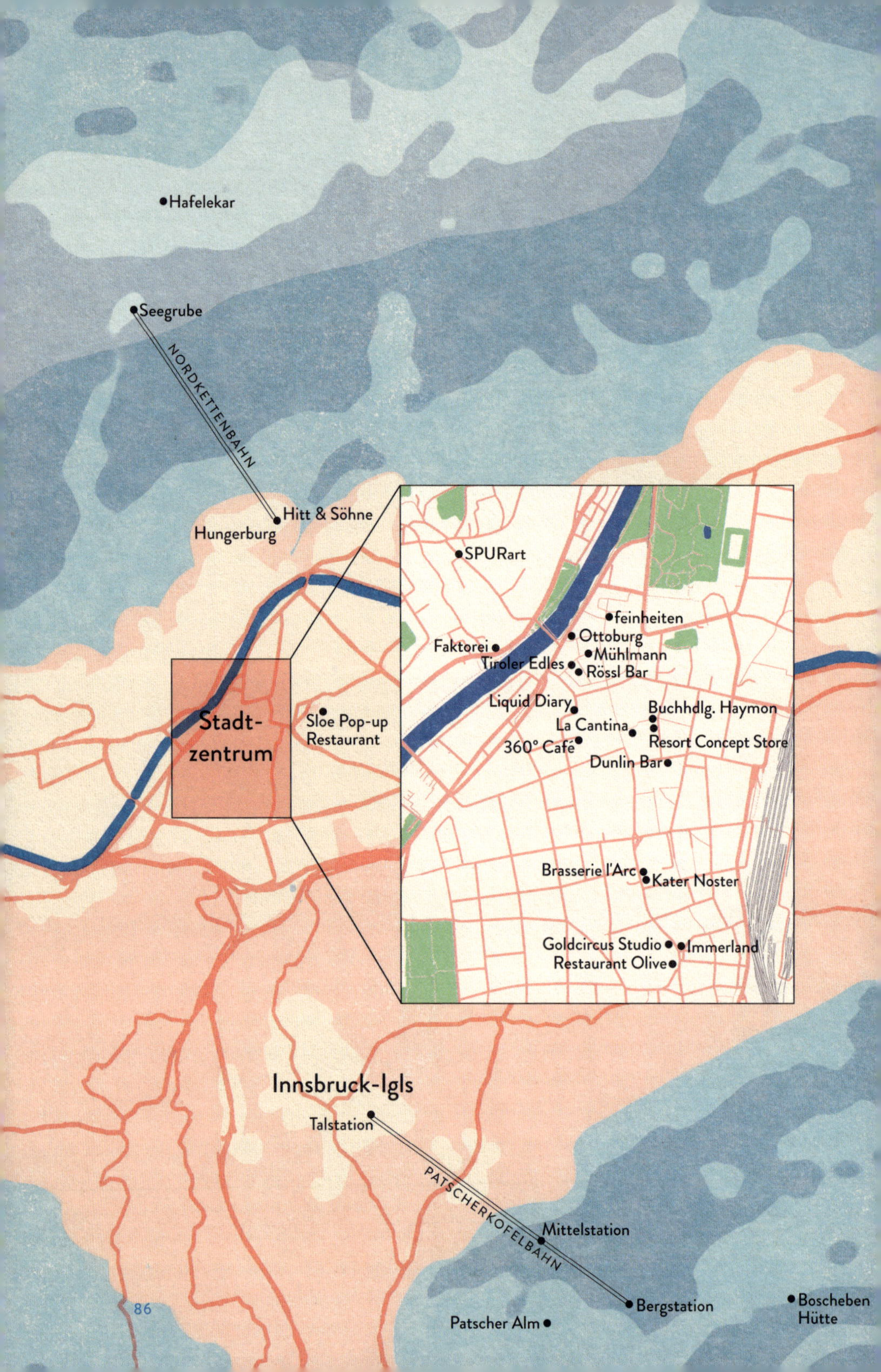

Hafelekar
Seegrube
NORDKETTENBAHN
Hitt & Söhne
Hungerburg
Stadt-zentrum
Sloe Pop-up Restaurant
SPURart
feinheiten
Ottoburg
Faktorei
Mühlmann
Tiroler Edles
Rössl Bar
Liquid Diary
Buchhdlg. Haymon
La Cantina
Resort Concept Store
360° Café
Dunlin Bar
Brasserie l'Arc
Kater Noster
Goldcircus Studio
Immerland
Restaurant Olive
Innsbruck-Igls
Talstation
PATSCHERKOFELBAHN
Mittelstation
Bergstation
Boscheben Hütte
Patscher Alm

Tag 1: Zwischen Berg und Tal

9 Uhr Erstmal frühstücken
Die Sonne hat sich bereits hinter den Bergen erhoben und die Gipfel der Nordkette ragen verlockend ins Tal. Wir beginnen unser Wochenende mit einem genüsslichen Frühstück in unserem kleinen Boutiquehotel. Die **Faktorei** liegt versteckt in der bunten Häuserzeile im Innsbrucker Stadtteil Mariahilf, direkt am Inn und nur wenige Gehminuten von der historischen Altstadt entfernt. Es gibt regionale Produkte in Bio-Qualität von umliegenden Bäckereien und Bauernhöfen.

Mariahilfstraße 36
faktorei-innsbruck.com

10.30 Uhr Ab auf den Berg
Frisch gestärkt geht es nun in die Berge. Wo sonst hat man schon die Möglichkeit, direkt vom Stadtzentrum in weniger als einer halben Stunde auf über 2.000 Meter Höhe zu stehen? Mit der **Nordkettenbahn** gondeln wir hoch zur Seegrube, während unter uns die Stadt immer kleiner wird. Die Fahrt führt weiter auf 2.300 Meter, wo wir von der Bergstation noch knapp fünfzehn Minuten zum **Hafelekar** brauchen, dem höchsten Punkt der Nordkette. Hier werden wir mit einem Rundum-Panorama belohnt: Das unberührte Karwendelgebirge im Norden, die Umrisse der Stadt im Süden, umgeben von zahlreichen Bergen und Gipfeln. Zurück auf 1.905 Meter schnappen wir uns auf der **Seegrube** einen Liegestuhl, lassen uns die Sonne ins Gesicht scheinen und genießen den Ausblick.

Nordkettenbahn, Rennweg 3
nordkette.com

13.30 Uhr Eine kleine Stärkung
Wieder festen Boden unter den Füßen, ist es Zeit für einen kleinen Mittagssnack. Direkt an der Station Hungerburg liegt das gemütlich lässige **Hitt & Söhne**, ein bei jungen Einheimischen und Studenten beliebter Concept Store mit Café und Bistro. Die Aussicht ist gut, das Essen schmeckt, der Sound stimmt.

Höhenstraße 147
hittundsoehne.at

15 Uhr Stadt- und Schaufensterbummel
Bergschuhe aus, Sneaker an. Den Nachmittag bummeln wir am berühmten Goldenen Dachl und dem Stadtturm vorbei und erkunden die verwinkelten **Altstadtgassen**. Zwar finden sich hier viele Touristengruppen und klassische Souvenirläden, doch immer wieder mischen sich auch kleine Läden und

Innsbrucker Altstadt

moderne Boutiquen darunter, die einen Blick wert sind. So finden wir im **feinheiten** tolle Deko und Geschenkideen, im **Tiroler Edles** können wir weder Tiroler Seife noch Schokolade widerstehen und im Store des heimischen Fashion-Designers **Mühlmann** würden wir am liebsten unser ganzes Geld lassen. Wir lassen die Altstadt in südlicher Richtung hinter uns, stärken uns im **La Cantina** mit einem Kaffee, stöbern im **Resort Concept Store** und in der **Buchhandlung Haymon** nach weiteren Mitbringseln und passieren die Triumphpforte, wo wenige Gehminuten weiter am Wiltener Platzl das **Goldcircus studio** handgefertigte Produkte und Schmuck verkauft.

Feinheiten, Pfarrgasse 8
feinheiten-innsbruck.at

Tiroler Edles, Seilergasse 13
tiroleredles.at

Mühlmann, Seilergasse 5
muehlmann.eu

La Cantina, Sparkassenplatz 2
intermezzoitaliano.com

Resort Concept Store, Erlerstraße 10
resort-innsbruck.com

Buchhandlung Haymon, Sparkassenplatz 4
haymonbuchhandlung.at

Goldcircus studio, Leopoldstraße 30
goldcircus.at

Patscherkofel

Café 360°

19 Uhr Aperitif über den Dächern
Nach einer kurzen Pause im Hotel lassen wir den Abend über den Dächern der Stadt ausklingen. Im **Café 360°** ist der Name Programm. Die rundum verglaste Bar bietet einen tollen Blick in alle Richtungen. Bei einem Campari Soda stoßen wir auf den Tag an, während die Sonne langsam hinter den Bergen untergeht.

Café 360°, Rathaus Galerien, Maria-Theresien-Straße 18
360-grad.at

20 Uhr Speisen unter Denkmalschutz
Als sich langsam der Hunger bemerkbar macht, wechseln wir die Location und finden in einer der historischen Stuben der **Ottoburg** Platz. Traditionelle Gerichte werden hier frisch und regional zubereitet, das Ambiente tut sein Übriges. Zufrieden ziehen wir ein paar Meter weiter, um in der stilvollen **Rössl Bar** den Abend bei einem Glas Wein ausklingen zu lassen.

Ottoburg, Herzog-Friedrich-Straße 1
ottoburg.at

Rösslbar, Kiebachgasse 8
roessl.at

2. Tag: Hoch hinaus

Patscher Alm

9 Uhr Morgens im Immerland
Wir starten den Tag mit Bergschuhen und Rucksack am Wiltener Platzl. Im detailverliebten **Café Immerland** genießen wir ein ausgiebiges Frühstück mit regionalen und teils selbstgemachten Produkten, bevor wir uns gut gestärkt für den Tag in den Bus in Richtung Igls setzen.

Café Immerland, Leopoldstraße 27
immerimmerland.at

Faktorei

11 Uhr Almidylle auf 2.030 Meter
Angekommen an der Talstation der **Patscherkofelbahn** schwindeln wir beim Aufstieg und lassen uns komfortabel bis zur Mittelstation bringen, von wo aus wir unsere Wanderung starten. Vorbei an der idyllisch gelegenen **Patscher Alm** führt uns die gemütliche Route in gut zweieinhalb Stunden und 420 Höhenmetern bergauf zur **Boschebenhütte** auf 2.030 Metern. Die urige Alm der jungen Hüttenwirtin Clara ist nur zu Fuß zu erreichen, als Belohnung für den Aufstieg warten Knödel, eine Brotzeit oder ein hausgemachter Kuchen. Zurück wandern wir in rund eineinhalb Stunden über den Gipfel des Patscherkofels zur Bergstation der Patscherkofelbahn, von wo aus wir uns wieder zurück ins Tal bringen lassen.

patscherkofelbahn.at

Patscher Alm, Patscherkofel 9, 6082 Patsch

Boscheben, 6083 Ellbögen
boscheben.at

Boschebenhütte

19 Uhr Hippe Drinks, geniale Brasserie
Frisch geduscht und erholt von der Wanderung spazieren wir wieder quer durch die Stadt, um im hippen **Kater Noster** mit einem Basil Spritz auf den Tag anzustoßen. Den Abend lassen wir eine Tür weiter ausklingen – in der **Brasserie l'Arc** gibt es Fusionsküche mit wechselnden Gerichten: Roastbeef mit eingelegtem Karfiol und Granatapfel-Vinaigrette oder pikanter, mediterraner Gemüseeintopf, verfeinert mit Ume Su und mit Miso glasierter Aubergine, serviert mit Sauerteigbrot. Lecker!

Kater Noster, Leopoldstraße 7
katernoster.com

Brasserie l'Arc, Leopoldstraße 7
larc.at

Zum länger bleiben...

Essen

Ein Tipp für Vegetarier und Veganer ist das **Restaurant Olive** am Wiltener Platzl. Wöchentlich wechselnde Mittagsmenüs mit ausgefallenen Kreationen überzeugen ebenso wie die ansprechende Abendkarte mit Gerichten wie Burger mit Ofenkürbis und Zucchini, Mandelfeta und würziger Tomatensalsa oder der winterliche Rohnen-Apfelsalat mit gratiniertem Ziegenkäse.

Leopoldstraße 36

Im wohl kleinsten Restaurant Innsbrucks kommen im **Sloe Pop-up Restaurant** ausschließlich vegetarische oder vegane Gerichte auf den Tisch. Christa und Sonja kochen mittags und abends für maximal 12 Personen – was sich schnell wie ein Abend unter Freunden anfühlt.

Defreggerstraße 21
oscarkocht.com

Trinken

Bereits unter altem Namen und Inhaber wurde die heutige **Dunlin Bar** für ihr gelungenes Interieur-Design ausgezeichnet. Mit der Übernahme erfüllt sich Inhaber und Barkeeper Kostas Karvounis seinen Traum und mixt seither exotische Drinks und heimische saisonale Produkte.

Meranerstraße 6
dunlin-bar.at

In edlem Ambiente mixen Gastgeber Damir Bušić und Dave Saremba im **Liquid Diary** Cocktailvariationen auf weltmeisterlichem Niveau. Die mehrfach ausgezeichneten Barkeeper verstehen ihr Handwerk und ihre Gastgeberrolle in Perfektion. Ihre Signature Cocktails wechseln passend zur jeweiligen Jahreszeit.

Adolf-Pichler-Platz 2
liquiddiary.com

Selber machen

Mit selbstgebauten Skiern über die Piste wedeln? Wer den **Skibaukurs von SPURart** besucht, kann diesen Wunsch Wirklichkeit werden lassen. An nur einem Wochenende werden in der kleinen Produktionsstätte der kreativen Betreiber die eigenen Ski oder das eigene Snow- bzw. Splitboard gebaut.

Höttinger Gasse 26
spurart.at

Salben, Cremes, Destillate und Räuchermischungen selbst anrühren – in Barbara Hoflachers **Heilpflanzen Schule** lernen Kursteilnehmer alles über Blüten, Kräuter und Wurzeln, die in Tirols Bergen zu finden sind und sich ideal zur Herstellung von Naturkosmetik, natürlichen Schmerzmitteln oder ätherischen Ölen eignen. Und stellen diese im Anschluss auch selbst her. Sie bietet Kurse mit unterschiedlichen Schwerpunkten in unterschiedlichen Regionen Tirols an, am besten checkt ihr die Webseite.

heilpflanzen-schule.com

Entdecken

Innsbruck und die umliegenden Berge und Dörfer bieten tolle Möglichkeiten zum Wandern, Radfahren, Klettern oder Skifahren, Winterwandern und Langlaufen. Man kann die Landeshauptstadt auch als Basis für die Erkundung des Umlandes nehmen. Mit der **Innsbruck Card**, erhältlich für 24, 48 oder 72 Stunden, sind neben der Nutzung des öffentlichen Verkehrs auch zahlreiche Attraktionen, Bergbahnen und Sehenswürdigkeiten inklusive.

www.innsbruck.info

REGION HALL-WATTENS

Der Zirbe nach

Egal ob als geschichtsträchtige Stube, als gemütliches Bett oder als wohlschmeckender Edelbrand – der Zirbelkiefer wird in Tirol eine besondere Bedeutung zugeschrieben, nicht zuletzt aufgrund ihrer entspannenden, wohltuenden Wirkung. Am Zirbenweg zwischen Tulfes und Innsbruck lässt es sich bei einer gemütlichen und aussichtsreichen Wanderung in einen der ältesten und größten Zirbenbestände Europas eintauchen.

Langsam schwebt die Gondel immer höher, lässt das Tal und den Autoverkehr hinter sich. Auf rund 2.000 Metern Höhe ist Endstation, ab hier beginnt der Zirbenweg, ein Panoramaweg entlang der Waldgrenze, mit weitreichendem Blick ins Inntal und auf das gegenüberliegende Karwendelgebirge. Die Zirbelkiefern, die einen entlang des Weges begleiten, sind an die 250 Jahre alt. Das Holz der Zirbe ist weich und lässt sich leicht bearbeiten. Die Zapfen eignen sich hervorragend zur Herstellung von Zirbenöl oder Zirbenschnaps, ein typischer Tiroler Edelbrand.

Ein geschnitzter Wegweiser markiert den Einstieg zur Wanderung, die zunächst vorbei an der ruhig gelegenen Tulfeinalm und einer kleinen Kapelle führt. Immer wieder lohnt sich der Blick zurück und hinab ins Tal, mit jedem Schritt ändert sich das Panorama. Stoamandl, gestapelte Steine, die einst zur besseren Orientierung in den Bergen dienten, zieren hie und da den Weg. Zwar ist der Zirbenweg ein beliebtes Ausflugsziel, wer jedoch wie wir rechtzeitig zur letzten Bergfahrt der Glungezerbahn kommt, erwandert ihn beinahe komplett für sich alleine und kann die Ruhe am Berg genießen. Holzbänke laden zu einer kurzen Rast mit tollem Fernblick ein.

Nach etwa drei Viertel der Strecke führt uns ein kleiner Weg zur Boschebenhütte, die in idyllischer Alleinlage fernab vom Tal liegt. Die junge Hüttenwirtin Clara wirtschaftet hier mit Leib und Seele – und serviert auf Wunsch natürlich auch einen wohlverdienten Zirbenschnaps. Frisch gestärkt ist in einer weiteren halben Stunde Gehzeit das Ziel erreicht: die Bergstation der Patscherkofelbahn. Hier belohnen wir uns im Schutzhaus mit einer erfrischenden Holunderschorle, bevor wir mit der Bahn zurück ins Tal gondeln.

Rund 200 Höhenmeter sind auf dem 7 Kilometer langen Zirbenweg in rund 2,5 bis 3 Stunden zurückzulegen. Im Zirbenrundwanderticket ist die Berg- und Talfahrt mit der Glungezer- und Patscherkofelbahn sowie der Bustransfer zum Ausgangspunkt inklusive. Der Zirbenweg ist von beiden Richtungen gleich schön und einfach zu laufen. Mein ganz besonderer Tipp ist die Wanderung donnerstags – dann fährt die Patscherkofelbahn bis spätabends, so dass sich nicht nur der Sonnenuntergang am Berg erleben, sondern auch hervorragend auf einer der Hütten zum Abendessen einkehren lässt.
hall-wattens.at/de/zirbenweg.html

Auf in die Berge

Die Region Hall-Wattens liegt am Fuße des **Naturpark Karwendel**, Österreichs größtem Naturpark. Zahlreiche Wanderrouten führen durch das Naturschutzgebiet; eine landschaftlich schöne Tour ist die mittelschwierige Ganalm-Walderalm-Rundwanderung.

karwendel.org

In rund zwei bis zweieinhalb Stunden führt der **Lizumer Zirbenweg**, auch „Zirmweg", über Almwiesen und durch einen Zirbenwald auf die Lizumer Hütte auf 2.019 Metern. Immer wieder bietet sich ein toller Blick bis hinunter ins Inntal und auf die Berggipfel im Karwendel.

Bei Schnee und Eis

Mit gerade einmal 23 Pistenkilometern ist der Glungezer ein kleines Skigebiet, das vom hektischen Skitrubel verschont bleibt. Es sind hauptsächlich Einheimische, die das **Skigebiet in Tulfes** besuchen; entsprechend familiär geht es auch auf den Hütten zu.

glungezerbahn.at

Immer donnerstags können Neugierige das **Klumpern** auf der Klumperwiese in Tulfes ausprobieren. Das Klumpern ist eine alte Tradition, bei der es auf einer Klumper, einem einkufigen Rodel mit kleiner Sitzfläche, wagemutig bergab geht.

Schlafen

Schlafen in denkmalgeschützten Gemäuern: Gastgeber Ursula und Markus haben das geschichtsträchtige Haus direkt an der Haller Altstadt in Eigenregie zum heutigen **kontor Boutiquehotel** umgewandelt. Neben den fünf individuell gestalteten Zimmern ist der Barocksaal das Herzstück des Hauses; hier wird das Frühstück serviert.

Unterer Stadtplatz 7a, 6060 Hall in Tirol
hotel-kontor.at

Umgeben von Obstgärten liegt das **Schusterbrand**, ein jahrhundertealter Bauernhof in Absam mit zwei Appartements. Gastgeber Christian und Sabine laden gerne zu einer Verkostung der selbstgebrannten Schnäpse ein.

Schlossweg 4, 6067 Absam
schusterbrand.tirol

Essen

Besonders an warmen Tagen ist die Einkehr beim **Romediwirt** ein Muss – die große Sonnenterrasse bietet einen tollen Ausblick auf Thaur und das Inntal; es wird mit frischen, saisonalen Produkten gekocht.

Schlossgasse 17, 6065 Thaur
romediwirt.at

Mit Anfang 20 zählt Lisa Haas zu den jüngsten Konditormeisterinnen des Landes. Mit dem **Tortenmädchen** erfüllt sich die junge Tirolerin mitten in der Altstadt von Hall den Traum vom eigenen Café mit Konditorei. In einem gemütlichen Ambiente zaubert Lisa allerlei süße Törtchen und Naschereien, die ausschließlich aus fairen und regionalen Rohstoffen gebacken werden.

Stadtgraben 14, 6060 Hall in Tirol
tortenmädchen.at

In der **Smokerei** dreht sich alles um Burger. Gesmokte Patties vom heimischen Rind, hausgemachte Saucen und Burgerbrot aus der regionalen Bäckerei sind das Erfolgsrezept von Irena und Philipp.

Swarovskistraße 1, 6112 Wattens
die-smokerei.at

Trinken

Ausschließlich Weine aus Österreich, Prosecchi direkt vom Produzenten und Brände heimischer Hersteller führt Inhaber Gerhard in der kleinen **Bar Pipistrello** in der Haller Altstadt. Der kleine Gastgarten ist im Sommer ein lauschiges Plätzchen zum Anstoßen.

Stadtgraben 22, 6060 Hall in Tirol
pipistrello.at

Einkaufen

Eigentlich ist Katrin Stiller gelernte Werbegrafikerin. Mit dem **Büro im Laden** erfüllte sich die Inhaberin den langgehegten Traum eines eigenen Geschäftes für handverlesene Wohnacessoires und Geschenkartikel. Zum Stöbern, Entdecken und Mitnehmen findet sich hier immer etwas.

Arbesgasse 13, 6060 Hall in Tirol
dasbüroimladen.at

Ausgewählter Schmuck, Mode und Accessoires internationaler Designer finden sich im kleinem Laden **Kaminsky** in der Haller Altstadt. Auch die individuelle Beratung wird hier großgeschrieben.

Schlossergasse 13, 6060 Hall in Tirol
petrakaminsky.at

Wohnaccessoires im skandinavischen Stil bietet die **Boutique Apfis**. Das Sortiment ist mit viel Liebe zum Detail ausgesucht.

Dr.-Felix-Bunzl-Straße 1, 6112 Wattens
apfis.at

Anschauen

Wer in die Region Hall-Wattens reist, kommt unweigerlich mit Swarovski, dem weltberühmten Kristallhersteller, in Kontakt. Der Firmenname ragt einem schon von Weitem auf der Autobahn entgegen. Hier befinden sich der Firmensitz und die **Swarovski Kristallwelten**, eine von Künstler André Heller gestaltete Erlebniswelt anlässlich des 100-jährigen Firmenjubiläums im Jahr 1995. Seither wurden die Kristallwelten stets ausgebaut, tausende Besucher aus aller Welt pilgern Jahr für Jahr nach Wattens, um in die Welt des Riesen abzutauchen und durch die so genannten Wunderkammern zu spazieren, die allesamt von international renommierten Künstlern wie Yayoi Kusama gestaltet wurden.
Ganz gleich, ob einem den Schmuck des Kristallkonzerns zusagt – die Kristallwelten lohnen einen Besuch. Im Garten befindet sich eine riesige Wolke aus 800.000 Kristallen, ein Spielturm für Kinder sowie das **Restaurant Daniels**, wo sich ein Zwischenstopp selbst ohne Besichtigung der Kristallwelten zu jeder Tageszeit lohnt.

Swarovski Kristallwelten, Wattens
kristallwelten.swarovski.com

WIPPTAL

Ursprünglich

In rauschender Geschwindigkeit ziehen sie an unserem Autofenster vorbei: imposante Berggipfel die über 3.000 Meter in die Höhe ragen, satte Bergwiesen, kleine Bergdörfer.

Obernberger See

Viele kennen das Wipptal lediglich von der stets überfüllten Brennerautobahn, auf der Fahrt in den Sommerurlaub nach Italien. Nur die Wenigsten wissen, dass das Wipptal noch ein echter Geheimtipp ist – und eine der landschaftlich schönsten Regionen des Landes.

Skizirkus und Halligalli? Sucht man hier vergebens. Vielmehr punktet das Wipptal mit unberührter Natur, urigen Tälern und ursprünglichen Dörfern, die man nur noch selten findet. Und den Einheimischen liegt ihr Tal am Herzen – kein Wunder also, dass sie es sich gleich in mehreren Projekten und Initiativen zur Aufgabe gemacht haben, die landschaftliche und geschichtliche Kultur des Tals zu bewahren.

So etwa mit dem Projekt „alte brennerpass-straße“. Die Gastgeber von 17 Hotels und Wirtshäusern nördlich und südlich des Brenners haben sich zusammengeschlossen, um uns das einstige Leben entlang der alten Brennerstraße näherzubringen und die traditionsreichen Betriebe am Leben zu halten. Bringt uns die Brennerautobahn heute in gerade mal 1,5 Stunden von Innsbruck nach Bozen, mussten einst drei volle Tage für die gleiche Strecke eingeplant werden, um den auf 1.371 Metern gelegenen Brennerpass zu überqueren. Der Grund, weshalb Gasthöfe und Wirtshäuser entlang der Straße florierten. Und so lohnt auch heute die Fahrt über die Bundesstraße, um in einem der teilnehmenden Betriebe der „alten brennerpass-straße“ einzukehren und die Geschichte, aber auch die Kulinarik des Hauses kennen zu lernen. Dabei stellen die Gastgeber uns auf den Tisch, was die Region zu bieten hat. Und ist unsere Neugier auf die Geschichte und die Kulinarik des Tals erstmal gestillt, bieten die umliegenden Berge und Dörfer zahlreiche Möglichkeiten zum Entdecken.

Trinserhof

Auf in die Berge

Die naturbelassenen Täler des Wipptals sind ein wahres Paradies für Wanderer. Eine der schönsten Wanderungen – und zugleich eine einfache – führt zum **Obernberger See** auf knapp 1.600 Metern. Wenn sich die umliegenden Berge in der kristallklaren, türkisgrünen Wasseroberfläche spiegeln, erkennt man schnell, weshalb der See im Jahr 1935 aufgrund seiner Schönheit zum Naturdenkmal erklärt wurde. Etwa dreißig bis vierzig Minuten dauert der Aufstieg vom Parkplatz Obernberger See. In einer weiteren Stunde spaziert man am Ufer entlang einmal um den See.

In gemütlichem Auf und Ab führt die mittelschwierige **Naviser Almenrunde** durch die ursprüngliche Almen- und Gebirgslandschaft des hinteren Navistals. Stets die Tuxer und Stubaier Alpen im Blick, führt die Wanderung oder MTB-Tour an vier bis fünf Almen vorbei. Eine Einkehr lassen wir uns nicht entgehen, erwarten uns doch allerlei Hüttenklassiker und Selbstgemachtes, wie hausgemachter Zirbenschnaps.

Schlafen

Seit vier Generationen führt Familie Covi den **Trinserhof** im Tiroler Landhausstil. Über die Jahre wurden die Zimmer in liebevoller Kleinarbeit aufwändig renoviert. Jedes Zimmer ist individuell eingerichtet und mit alten Schätzen aus dem Bestand des Großvaters versehen. Im hauseigenen Restaurant werden Tiroler Küche und modern interpretierte Gerichte serviert.

Trins 106, 6152 Trins
trinserhof.com

„Tante Zenzis Kammerle“ und „Katharina“ heißen die beiden Zimmer in **Gabis kleine Spezerey**. Mit viel Liebe zum Detail betreiben die Gastgeber Gabi und Harald die kleine Pension in Gries am Brenner. Herzstück des Hauses ist die gemütliche Gaststube mit traditioneller Holzvertäfelung.

Nr 24, 6156 Gries am Brenner
gabis-kleine-spezerey.at

Essen

Regionale Produkte werden im Wipptal großgeschrieben. Bester Beweis: das **Wipptaler Bergfrühstück**. Die Initiative mit knapp 20 teilnehmenden Hotels und Gasthöfen bietet schon zum Frühstück regionale Produkte an – etwa frisch gebackenes Bauernbrot, Speck vom Metzger oder Honig aus lokalen Imkereien.

wipptal.at/bergfruehstueck

Egal ob mit Tourenski oder Rodel im Winter, mit Bergschuhen oder Mountainbike im Sommer: eine Einkehr auf der auf 1.637 Metern gelegenen **Sattelbergalm** kurz vor der italienischen Grenze ist Pflicht bei einer Tour auf den Sattelberg. Von Käse über Speck und Brot bis hin zu Butter oder Fleisch – serviert werden Produkte vom eigenen Bauernhof. Genießt die gute Küche, den netten Service und die tolle Aussicht, bevor es zurück ins Tal geht.

Neder 311, 6156 Gries am Brenner
sattelbergalm.at

Initiativen

Seit jeher gelten Almen unter Naturliebhabern und Erholungssuchenden als Sehnsuchtsorte. Jahrhundertelang wurden sie unter größter Anstrengung von Landwirten erhalten. Heutzutage sind Almen und Bergmähder jedoch oft vom Verfall bedroht. Aus Kostengründen und aufgrund der arbeitsintensiven Erhaltung sind Bauern vielfach nicht mehr in der Lage, die Almen zu bewirtschaften. Die Bewohner des Valsertals, einem Seitental des Wipptals, haben es sich mit dem Verein **Schule der Alm** jedoch zum Ziel gemacht, das uralte kulturelle Erbe ihrer Ahnen zu bewahren. Die Schule der Alm ist ein Freiwilligenprojekt, das Helfer sucht, die in ihrem Urlaub oder ihrer Freizeit aktiv mitarbeiten. An einem Schnupperwochenende oder in einem dreitägigen Grundkurs erlernt man die wichtigsten handwerklichen Tätigkeiten: das Sensenmähen am Bergmahd, den Bau eines Schrägezauns und das Heuernten. Ist der Grundkurs erfolgreich absolviert, darf bei Einsätzen auf den Almen und Bergwiesen des Valsertals mitgeholfen werden. Ausgangspunkt für das Projekt ist Helgas Alm im hinteren Valsertal. Eine rund 300 Jahre alte Alm, die allein wegen Gastgeberin und Hüttenwirtin Helga einen Besuch wert ist.

schulederalm.at

Naviser Almenrunde

STUBAITAL

Wildes Wasser

Kaum vorstellbar, dass dieser plätschernde Bach in den Stubaier Alpen tausende Kilometer entfernt ins Schwarze Meer mündet. Am Wilde-WasserWeg, der vom Tal bis hoch zum Gletscher auf 2.477 Metern führt, lassen sich die Ursprünge des Wasserlaufs auf drei Etappen erkunden.

Auf der ersten Etappe des Weges beginnt die Wanderung entlang des Ruetz Katarakt – einer engen Klamm, durch die sich ein tosender Gebirgsbach schlängelt. Immer wieder geben Holzplattformen den Blick nach unten frei, bevor sich nach einer Weggabelung plötzlich der eindrucksvolle Grawa Wasserfall vor uns erhebt. Er ist das Herzstück des WildeWasserWeges, fällt knapp 200 Meter in die Tiefe und ist der breiteste Wasserfall der Ostalpen. Die Holzliegen am Grawa Observatorium sind eine willkommene Einladung, um Platz zu nehmen und das Tosen des Wassers zu beobachten.

Die zweite Etappe führt über den alten Almsteig am Wasserfall entlang teils über einen Steig, teils über Treppen nach oben. Zwei Aussichtspunkte führen auf halber Höhe und direkt an der Abbruchkante so nah an den Wasserfall heran, dass die kalte Gischt auf der Haut zu spüren ist. Als wir die Engstelle oberhalb des Wasserfalls passieren, eröffnet sich vor uns das Sulzenautal. Es ist der landschaftlich schönste Abschnitt des WildeWasserWeges: Von schroffen Felswänden umgeben bahnt sich das Wasser hier überraschend ruhig den Weg durch das Tal. Idyllisch liegt die Sulzenau Alm vor uns, die bereits den Blick auf den 200 Meter hohen Sulzenaufall am Talschluss freigibt. Von Weitem ist die Sulzenauhütte zu erkennen, die wie ein Adlerhorst an der Abbruchkante liegt und über gemütlich ansteigende Serpentinen zu erreichen ist.

Wer bereits die erste Müdigkeit in den Beinen spürt, kehrt nun ein und genießt den traumhaften Ausblick auf der Terrasse bei einer Tiroler Speckknödelsuppe. Oder bezieht eines der Zimmer und kombiniert die dritte und letzte Etappe des WildeWasserWeges am nächsten Tag mit einer Tour zu einem der umliegenden Bergseen. Wer noch ausreichend Kraft in den Beinen hat, nimmt auch noch die letzten 400 Höhenmeter hoch zum Gletscher in Angriff und steigt zum Gletschersee unterhalb des Peiljochs auf. Hier findet das Wasser seinen Ursprung und tritt zum ersten Mal an die Oberfläche, von wo aus es sich seinen Weg ins Tal bahnt.

Grawa Observatorium

Auf drei Etappen, die entweder als Tageswanderung oder kombiniert mit einer Hüttenübernachtung zurückgelegt werden können, verläuft der WildeWasserWeg auf rund 10 Kilometern und 1.250 Höhenmetern entgegen der Fließrichtung des Wassers vom Tal bis hoch zum Sulzenauferner, einem Gletscher der Stubaier Alpen. Wer auf der Sulzenauhütte übernachtet, hat mehr Zeit, die Landschaft auf sich wirken zu lassen und Abstecher zum Grünausee oder zur Blauen Lacke zu machen.
stubai.at/aktivitaeten/wandern/wildewasserweg

Auf in die Berge

Auf 1.830 Metern liegt im hinteren Stubaital die **Falbesoner Ochsenalm**, eingebettet in einen Kessel und mit Blick auf die Regensburger Hütte. Sennerin Maridl Schmid stellt Milch, Butter und Graukäse selbst her und serviert ihren Gästen regionale Schmankerl wie Stubaier Käsestriezel.

Schon die Anfahrt ins Oberbergtal ist landschaftlich reizvoll. Zu Fuß geht es von der Stöcklenalm vorbei an den Oberiss Almen auf einem gut markierten Steig in rund eineinhalb Stunden Gehzeit zur **Franz-Senn-Hütte** auf 2.147 Metern. Die Hütte ist auch ein toller Übernachtungstipp, lassen sich von hier aus einfache Sonnenaufgangswanderungen unternehmen.

Gleich neun Bergseen, teils gut versteckt und oft noch ein Geheimtipp, warten im Stubaital auf Wanderer. Meine Lieblingswanderungen sind zum **Mutterberger See** auf 2.483 Metern oder zur **Blauen Lacke** auf 2.294 Metern.

Bei Schnee und Eis

Von Oktober bis Juni können Skifahrer am **Stubaier Gletscher** über die Pisten wedeln – und das auf bis zu 3.200 Metern Höhe. Das größte Gletscherskigebiet Österreichs bietet eine Vielzahl an unterschiedlichen Pisten und mit „Top of Tyrol" eine der spektakulärsten Aussichtsplattformen der Alpen.

Egal ob mit der Bergbahn oder zu Fuß – oben am Elfer warten zwei **Rodelbahnen**. Sportlich geht es über die Rodelbahn Elfer Dorf-Neustift auf acht Kilometern durch den Wald nach unten ins Tal, landschaftlich schöner ist die ebenfalls acht Kilometer lange Rodelbahn Elfer-Pinnistal. Dreimal die Woche ist letztere auch abends beleuchtet.

Schlafen

Zimmer oder Apartment – beides ist im **Schönherr Haus** von Gastgeber Patricia und Peter möglich. Je nach Wahl entweder mit einem reich gedeckten Frühstückstisch mit Produkten aus dem Tal oder mit einer Küche zur Selbstversorgung direkt im Zimmer.

Stubaitalstraße 79, 6167 Neustift
schoenherrhaus.at

In dritter Generation begrüßen die Enkelkinder ihre Gäste in **Sepp & Hanni's Suiten** im Dorf. Über 80 Jahre ist das Apartmenthaus alt, die Verwandlung in eine moderne Unterkunft mit Tiroler Gemütlichkeit ist gelungen.

Schulweg 37, 6167 Neustift
seppundhannis.com

Essen

Mehr als 300 Jahre alt ist die urige **Tschangelair Alm**, an der Straße zum Stubaier Gletscher gelegen. Tschangelair bedeutet so viel wie „schönes, eingezäuntes Platzl". Besonders lecker sind die Forellen aus dem hauseigenen Teich.

Stubaital Str., 6167 Neustift
hoferwirt.at/tschangelair-alm

Ab 15 Uhr wird in der **Bottega N° 13** täglich ein italienischer Aperitivo serviert. Die Abendkarte bietet italienische Pasta und Pizza.

Dorf 13, 6167 Neustift
bottega13.com

Burger, Steaks, Bowls und Salate kommen im **Herr Klaus** auf den Tisch – ein hippes Restaurant, das auch in so mancher Großstadt zu finden sein könnte.

Dorf 15, 6167 Neustift
herrklaus.at

Feste

2015 wurde beim **Stubaier Kaiserschmarrenfest** der größte Kaiserschmarrn der Welt gebacken. Seither findet das Fest alljährlich im Herbst statt. Neben der traditionellen Variante können Besucher auch spezielle Varianten wie Mohnschmarrn, Grießschmarrn oder Apfelschmarrn probieren.

stubai.at/kaiserschmarrenfest

Anschauen

Zweimal im Jahr bieten die **Telfer Wiesen** einen einzigartigen Anblick. Im Frühjahr, wenn der Enzian reichhaltig blüht und im Herbst, wenn die Nadeln der Lärchen goldfarben strahlen. Ein zehn Kilometer langer Rundweg führt zu einer kleinen Plattform mit gemütlicher Lärchenbank, die einen Blick vom Patscherkofel über die Serles bis hin zum Habicht freigibt.

Telfer Wiesen

OLYMPIAREGION SEEFELD

Zwischen Einsamkeit und Zivilisation

60 Kilometer und 7.000 Höhenmeter in sechs Tagen. Zu Fuß. Zwar sind davon „nur“ 3.400 Höhenmeter im Aufstieg zu bewältigen, der Karwendel Höhenweg hat es trotzdem abschnittsweise in sich. Belohnt wird man mit einem ständigen Wechsel zwischen der Einsamkeit des Karwendelgebirges und dem geschäftigen Trubel des Inntals.

Schritt für Schritt werden die Häuser kleiner, der Alltag rückt in die Ferne. Über Serpentinen führt die erste Etappe des Karwendel Höhenwegs stetig nach oben, nach rund drei Stunden Gehzeit ist die Nördlinger Hütte und damit das Tagesziel auf 2.239 Metern erreicht. Es ist die höchstgelegene Schutzhütte im Karwendelgebirge und erlaubt einen Blick zurück ins Inntal – ein Vorgeschmack auf die nächsten Tage.

Naturpark Karwendel

Diese sind geprägt von den zerklüfteten Bergen des Karwendelgebirges, von satten Almen und überraschenden Ausblicken ins Inntal. Erwandert man auf den ersten beiden Etappen der Tour die unberührte Seite des Karwendelgebirges, findet man sich am dritten Tag nach dem Anstieg zum Frau Hitt Sattel plötzlich wieder mitten in der Zivilisation. Auf der Seegrube hoch über Innsbruck mischen sich Einheimische und Touristen, die die Bergbahn genommen haben, mit Wanderern, die zwei Tage in der abgeschiedenen Natur hinter sich haben. Im weiteren Verlauf der Etappe wechselt das Panorama ständig zwischen dem schroffen Gebirge und dem belebten Inntal, bis man auf der Pfeishütte wieder gänzlich in die Bergwelt abtaucht. Während die Etappen mal mehr, mal weniger anspruchsvoll von Hütte zu Hütte führen, bleibt das Panorama durchwegs eindrucksvoll. Mit etwas Glück lassen sich neben seltenen Pflanzenarten sogar Gämsen, Steinböcke oder Steinadler erspähen. Übernachtet wird – wie auch an den Tagen zuvor – in den Alpenvereinshütten, die allesamt mit tollen Ausblicken, regionaler Küche und vor allem uriger Gemütlichkeit punkten.

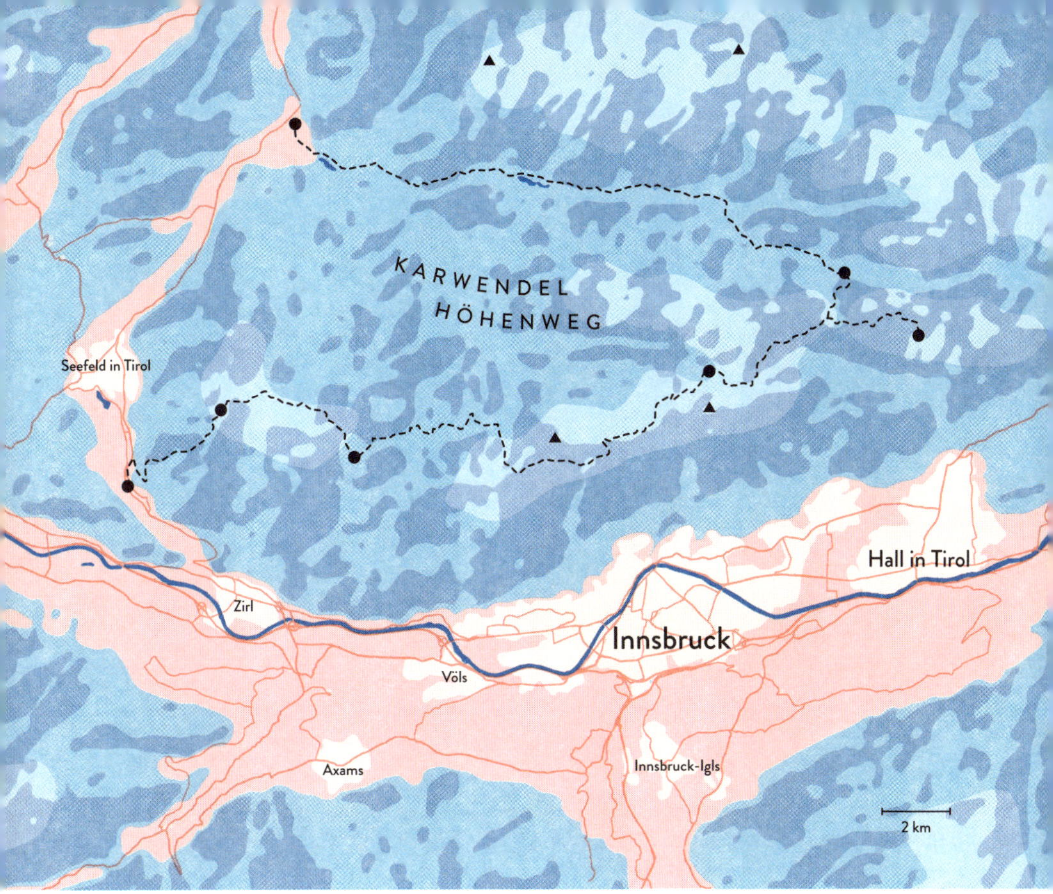

Es ist eine Mischung aus Müdigkeit, Wehmut und Stolz, die einen auf der letzten Etappe des Karwendel Höhenwegs begleitet. Stets der Isar bergab folgend, lässt man in gemütlichen Tempo die kräftezehrenden Anstiege, die eindrucksvollen Ausblicke und die geselligen Hüttenabende Revue passieren. Jetzt, wo das Ende der Tour in greifbarer Nähe ist, machen sich die müden Beine bemerkbar. Und mit ihnen Wehmut, die einsame Natur- und Bergwelt nun wieder hinter sich zu lassen. Aber auch Stolz, die anspruchsvolle Tour erfolgreich gemeistert zu haben.

Wer sich für die sechstägige Bergtour durch das Karwendelgebirge entscheidet, sollte eine gute Kondition und absolute Trittsicherheit mitbringen. Zwar sind die einzelnen Etappen in Höhe und Länge für Geübte kein Problem, abschnittsweise gilt es jedoch seilgesicherte oder ausgesetzte Passagen zu absolvieren. Von Juni bis September ist die beste Zeit für diese Mehrtageswanderung, eine Reservierung auf den Hütten wird empfohlen.
karwendel-hoehenweg.at

Auf in die Berge

Gleich drei Seen lassen sich bei einer **Wanderung am Seefelder Plateau** miteinander verbinden: Neben dem Möserer See zeigen sich der Wildmoossee und Lottensee nur unregelmäßig, abhängig vom Wasserstand und der Schneeschmelze. Die leichte Rundwanderung lässt sich nach Belieben noch mit einem Aufstieg zum Brunschkopf auf 1.510 Metern erweitern, wo eine Aussichtsplattform wartet

Das **Karwendelhaus** ist mit einer über 100 Jahre alten Gaststube und einer großzügigen Sonnenterrasse eine der am schönsten gelegenen Hütten im Karwendelgebirge – und ein beliebter Ausgangspunkt für Touren in die umliegenden Berge. Ein Klassiker mit Übernachtung ist die **Karwendelrunde**, die sich – aufgeteilt auf zwei Tage – auch ideal mit dem E-Bike absolvieren lässt.

Durch den Fels

Die Sage berichtet von einem Geist, der tief unten in der Klamm am Ende des Leutascher Tales haust. Jahrhundertelang glaubten die Menschen, der Geist sei aus dem Gebirge herabgestiegen und hätte sich in der unzugänglichen Klamm versteckt, die eine Verbindung zwischen Tirol und Bayern darstellt. Die **Leutascher Geisterklamm** ist atemberaubend. Die Felswände ragen stellenweise bis zu 75 Meter in die Höhe. Auf verschiedenen Wegen führen Metall- und Holzstege durch die 1.640 Meter lange Klamm. Der Klammgeistweg und der Koboldpfad führen in luftiger Höhe durch die Klamm und sind kostenlos zu begehen, der Wasserfallsteig führt nur wenige Meter über den tosenden Wassermassen zum Wasserfall und ist kostenpflichtig. Ein Highlight ist die Metallbrücke (ebenfalls kostenfrei), die etwa auf der Hälfte liegt. Sie überspannt die gesamte Schlucht und bietet die Berge des Karwendel als malerische Hintergrundkulisse.

Bei Schnee und Eis

Die **Winterweitwanderung** über das Seefelder Plateau lässt einen auf vier Tagesetappen so richtig in den Winter eintauchen. Zwischen 11 und 16 Kilometer sind pro Tag auf einfachen und landschaftlich abwechslungsreichen Wegen zurückzulegen. Neben der Unterkunft kann übrigens auch gleich der Gepäcktransport mitgebucht werden.

seefeld.com

Skilaufen, Langlaufen und Rodeln sind natürlich möglich. Warum aber nicht mal Freunde oder Familie beim **Eisstockschießen** herausfordern? Auf mehreren Plätzen in der Region wie an den Eisstockschießbahnen Kongresszentrum Seefeld kann man sein Talent beweisen – Spaßfaktor garantiert.

Schlafen

Ein kleines Boutiquehotel mit B&B-Charakter ist das **dasMAX** im Zentrum von Seefeld. Die Zimmer sind stilsicher schlicht eingerichtet, Frühstück gibt es bis 16 Uhr und der Spa-Bereich auf dem Dach sorgt für einen tollen Bergblick beim Entspannen.

Bahnhofplatz 613, 6100 Seefeld
dasmax.at

Raum bieten zum **Aufatmen**, das möchten die Gastgeber der gleichnamigen Pension in der Leutasch. Die Natur steht im Mittelpunkt, sowohl in Form der Materialien als auch bei der Architektur des Hauses. Regelmäßig finden Yoga Workshops und Retreats statt.

Gasse 186a, 6105 Leutasch
aufatmen.at

Essen

In einem 400 Jahre alten Bauernhaus befindet sich das Restaurant **Kracherlemoos**, nur wenige Gehminuten von Seefelds Zentrum entfernt. Während die Stuben typische Tiroler Gemütlichkeit vermitteln, bietet sich von der Terrasse ein toller Blick in die Berge. Besonders gut ist das Wiener Schnitzel vom Kalb.

Moosweg 758, 6100 Seefeld
kracherlemoos.at

Ein Hauch dolce vita in Seefeld – das **Pauly** serviert feine italienische Gerichte.

Bahnhofstraße 389, 6100 Seefeld
ciao-pauly.com

Restaurant, Café, Bäckerei, Konditorei, Gelateria und Vitaminbar – das Angebot im **Nannis** ist vielfältig. Benannt nach der Urgroßmutter des Gastgebers, ist das Nannis ganztägig eine gute Adresse.

Innsbrucker Straße 24, 6100 Seefeld
nannis-cafe.at

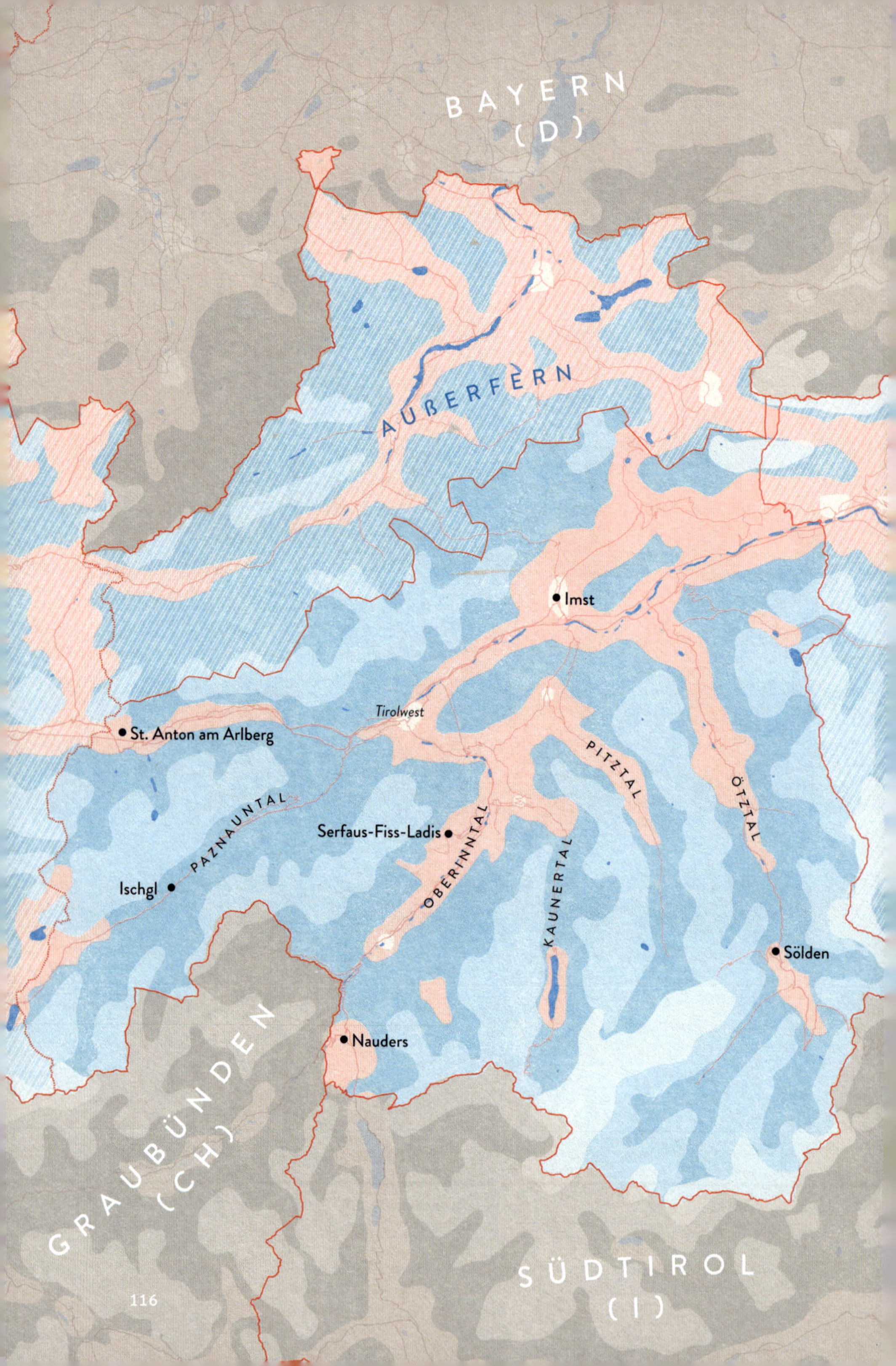
BAYERN
(D)
AUßERFERN
Imst
Tirolwest
St. Anton am Arlberg
PAZNAUNTAL
Serfaus-Fiss-Ladis
OBERINNTAL
PITZTAL
ÖTZTAL
KAUNERTAL
Ischgl
Sölden
Nauders
GRAUBÜNDEN
(CH)
SÜDTIROL
(I)

Tiroler Oberland

Hohe Berge, tiefe Täler – im Gegensatz zum Tiroler Unterland ist die Landschaft im Tiroler Oberland rauer. Gipfel ragen hier gut und gerne mehr als 3.000 Meter in die Höhe, Bergtouren führen schnell in hochalpines Gelände und Hütten finden sich oft in abgelegenen Gegenden. Bergbäuerliche Dörfer und Gletschereis prägen die Region westlich von Innsbruck.

ÖTZTAL

Schafe auf Sommerfrische

Jedes Jahr Anfang Juni ist über den Ötztaler Alpenhauptkamm ein nicht enden wollender Tross an weißen Knäueln zu beobachten, der sich langsam, aber stetig vorwärtsbewegt, begleitet von lautem Glöckchen- und Schellengeläut. Rund 3.500 Schafe werden beim Schaftrieb vom Südtiroler Schnalstal in das österreichische Venter Tal getrieben, um dort den Sommer zu verbringen.

Es ist früher Morgen, noch vor Anbruch der Morgendämmerung, wenn sich Mensch und Tier in Bewegung setzen. Jedes Schaf ist mit einem bunten Farbklecks markiert, um es bei Rückkehr wieder dem richtigen Besitzer zuordnen zu können. Doch bis dahin sollen noch drei lange Monate vergehen.

Die Schnalser Bauern nutzen seit mehreren Jahrhunderten ihr Weiderecht, um ihr Vieh in den Sommermonaten ins hintere Ötztal zu bringen. Der Weg ist beschwerlich und ein wenig gefährlich. Zwei Tage sind die Schäfer mit ihren Herden unterwegs, müssen über Schneefelder und steile Felsrinnen. Bei der Tour, die mit 3.200 Höhenmetern im Aufstieg und 1.800 Höhenmetern im Abstieg über drei Gipfel des Ötztals führt, geht gar das ein oder andere Schaf verloren. Oder fällt den harten Witterungsbedingungen zum Opfer.

Ist der anstrengende Auftrieb geschafft, erfreuen sich die Schafe am sattgrünen Gras der Ötztaler Berge. Ein einziger Schäfer verbringt die kommenden Wochen und Monate mit den Schafen in den Bergen, eine Schäferhütte dient ihm als Unterschlupf. Im September sind es dann überwiegend Männer aus Obergurgl, die beim Übertrieb zurück ins Schnalstal helfen und gemeinsam mit den Südtiroler Bauern die Rückkehr der Schafe ausgelassen feiern. Über viele Generationen hinweg hat sich eine grenzüberschreitende, interkulturelle Weidewirtschaft entwickelt, die für den Erhalt des ökologischen Gleichgewichts der Ötztaler Alpen grundlegend ist. Denn die Beweidung hat weitreichende Auswirkungen auf den Pflanzenbestand und damit auf die Vogel- und Insektenvielvalt.

Deswegen wurde die „Transhumanz“, der Schaftrieb vom Schnalstal ins Ötztal und wieder zurück, in die UNESCO-Liste der Immateriellen Kulturerbe aufgenommen.

Schafwolle

Mehr als 400 regionale Schafhalter beliefern das Ötztaler Schafwollzentrum mit der wertvollen Tiroler Bergschafwolle. Per Handarbeit wird die zuvor gewonnene Wolle zu Teppichen, Socken und Stofftieren, aber auch Taschen und Sitzauflagen verarbeitet. Im Werkstatt-Laden in Umhausen kann man nicht nur Produkte aus Schafwolle kaufen, sondern erhält auch Einblick in ihre Fertigung.

Lehnpuit 2/4, 6441 Umhausen
schafwollzentrum.tirol

Gampe Thaya

Auf in die Berge

Urig und idyllisch ist die **Wanderung zur Gampe Thaya** in Sölden. Hüttenwirt Jakob Prantl stellt hier oben auf 2.000 Metern den hausgemachten Gampe Kaas aus Grauviehmilch her und sein Kaiserschmarrn ist einer der besten. Im kleinen Almladen gibt es den Almkäse, Hauswurst und Schnaps zu kaufen. Es gibt auch eine kleine Selbstversorgerhütte zum Mieten.

gampethaya.riml.com

Weniger lang, aber nicht minder schön ist die **Wanderung zur Lenzenalm** oberhalb von Zwieselstein.

Der **Stuibenfall** in der Gemeinde Umhausen ist der höchste Wasserfall Tirols. Knapp 160 Meter stürzen die Wassermassen über zwei Stufen in die Tiefe, Besucher kommen auf einer Aussichtsplattform samt Hängebrücke nah an das tobende Wasser heran.

Ans Wasser

Eingebettet in die Ötztaler Alpen ist der **Piburger See** auf 900 Metern Höhe ein beliebter Naturbadesee, mit maximal 25°C Wassertemperatur einer der wärmsten Tirols. Es gibt eine Liegefläche, eine Floßanlage im Wasser und einen Ruderbootverleih. Ideal, um einen entspannten Tag in der Sonne zu verbringen. Der leichte Wanderweg um den See bietet tolle Ausblicke.

Bei Schnee und Eis

Am Ende des Ötztals liegt das **Skigebiet Obergurgl-Hochgurgl**, dass durch Schneesicherheit bis weit in den Frühling

Schönwieshütte

und wenig überfüllte Pisten punktet. Lohnenswert ist ein kurzer Einkehrschwung in der 360° Panoramabar Top Mountain Star und eine Einkehr auf der Schönwieshütte. Zur vom Skigebiet abgelegenen Hütte geht es mit dem kostenlosen Skidoo Taxi-Service, das schon ein Highlight für sich ist. Man wird auf Skiern zur Hütte gezogen und hält sich derweil an einem Seil fest.

Erleben

Der **Aqua Dome** in Längenfeld ist eine 22.000 Quadratmeter große Thermen- und Spa-Landschaft. 12 Innen- und Außenbecken, mehrere Saunen und Dampfbäder, Fitness- und Ruhebereiche sowie buchbare Wellnessbehandlungen sorgen dafür, dass man am Ende des Tages rundum entspannt ins Bett fällt.

Oberlängenfeld 140, 6444 Oberlängenfeld
aqua-dome.at

Mehr als „nur" ein weiterer Bikepark ist die **Bike Republic Sölden**. Mit einem weiten Netz an Naturtrails, ökologisch gebauten Lines, zahlreichen Touren und Enduro-Routen und Pumptracks im Tal sowie der notwendigen Infrastruktur an Shops und Serviceeinrichtungen finden Mountainbiker hier alles, was für jede Menge Action und Adrenalin sorgt. Auch die Kleinsten kommen, teils auf Laufrädern, auf einfachen Trails und Pumptracks auf ihre Kosten.

bikerepublic.soelden.com

Schlafen

Gastgeber Karoline und Christian Pult sind selbst leidenschaftliche Bergsportler und haben ihr Hotel **die berge** für junge, aktive Gäste konzipiert, die preisgünstig wohnen, aber trotzdem nicht auf Komfort und guten Stil verzichten wollen. Mit Pool auf dem Dach und Sky Spa.

Gemeindestraße 2, 6450 Sölden
dieberge.at

Wer sich eine besondere Auszeit gönnen möchte, fährt ins **Naturhotel Waldklause**. Die Zimmer strahlen nicht nur Wärme und Gemütlichkeit aus, in der man sich sofort wohlfühlt – auch das Natur-Spa mit Sauna, Dampfbad, Pool und Ruheräumen ist ein einladender Rückzugsort. Abgerundet wird der Aufenthalt durch erlesene Menüs mit regionalen Zutaten.

Unterlängenfeld 190, 6444 Längenfeld
waldklause.at

Essen

Ein Wirtshaus mit langer Tradition und urig schönen Stuben ist der **Gasthof Krone** im mittleren Ötztal. Gastgeber Kathrin und Martin setzen ausschließlich auf Zutaten regionaler Lieferanten, auf der Karte stehen klassische Tiroler Gerichte, ausgesprochen gekonnt zubereitet.

Dorf 30, 6441 Umhausen
krone-umhausen.at

Benannt nach den beiden Söhnen des Hauses ist das **Jati** eine coole Burger- und Craftbeer Bar im Zentrum von Sölden. Untergebracht in einer ehemaligen Schusterei kommen Burger vom Holzkohlegrill, bunte Bowls und Salate auf den Tisch.

Dorfstraße 11, 6450 Sölden
jati.at

Das **iceQ** liegt auf 3.048 Metern hoch oben am Gaislachkogel. Dank der vollverglasten Fensterfronten blickt man beim Essen auf über 250 Dreitausender. Aber nicht ablenken lassen! Denn das Gourmetrestaurant bietet Speisen auf höchstem Niveau. Ein besonderes Erlebnis, das man sich zumindest einmal gönnen könnte – wenn möglich.

Bergstation Gaislachkogelbahn, 6450 Sölden
iceq.at

PITZTAL

Höchster Kaffeegenuss

Es mag ungewöhnlich erscheinen, ganz am Ende eines Tals und hoch oben am Berg eine Café-Empfehlung auszusprechen. Doch das Café 3.440 am Pitztaler Gletscher ist nicht nur Österreichs höchstes Kaffeehaus, sondern auch ein architektonisches Meisterwerk.

Der Blick von der Sonnenterrasse ist einfach spektakulär – über 50 Dreitausender erstrecken sich vor den Augen der Besucher, selbst in den Sommermonaten liegt auf vielen von ihnen noch Schnee. Besonders nahe kommt man hier der Wildspitze, mit 3.774 Metern der höchste Berg Nordtirols und beliebtes Ziel für Skitourengeher.

Auch wenn es schwerfällt, den Blick von den Bergen zu lösen, das Café 3.440 lohnt ebenfalls einer genaueren Betrachtung, denn es wurde spektakulär über den Felsvorsprung gebaut. Es ist sowohl im Sommer als auch im Winter mit der Wildspitzbahn erreichbar. Nicht entgehen lassen sollte man sich hier oben Kaffee und Kuchen. Und dabei im Hinterkopf behalten, dass die Zubereitung und Logistik in diesen Höhen eine spezielle Herausforderung ist. Nicht nur, dass es anfangs einiger Tüftelei bedurfte, um auf über 3.000 Metern Höhe die Kaffeemaschine richtig einzustellen. Auch die Kuchen werden in der 200 Meter tiefer gelegenen Backstube von Hand gefertigt und per Gondel ins Café gebracht. Ganzjährig gibt es zudem die Möglichkeit, an ausgewählten Wochentagen zum Frühstück hochzugondeln.
pitztal.com

Auf in die Berge

Der **Pitztaler Almenweg** verbindet auf nahezu konstanten 2.000 Metern Höhe die Söllberg-, Mauchele-, Neuberg-, Tiefental- und die Arzler Alm. Die als Dreitagestour konzipierte Wanderung ist aufgrund ihrer Länge von knapp 40 Kilometern und 3.340 Metern im Aufstieg sehr anspruchsvoll und landschaftlich lohnenswert.

Zwar ist die **Steinbockwanderung** hoch zur Rüsselsheimer Hütte und weiter zum Aussichtspunkt Gahwinden aufgrund so manch steiler Passagen und gut 1.000 Höhenmetern im Aufstieg kein Kinderspiel, doch die Chancen stehen sehr gut, den ein oder anderen Steinbock zu erblicken.

Eine schöne Tour ist die Wanderung von der **Mauchele Alm zum Brechsee** und weiter zur Söllberg Alm. Die Rundwanderung belohnt mit Blicken auf die Ortschaften Arzl und Wenns, die Gipfel des Venet, Tschirgant und Gemeindekopf und natürlich mit einer Einkehr auf der Alm.

Vorbei an Bergseen, Bächen und Wasserfällen, über Gipfel und Grate sowie zu ausgewählten Hütten führen die knapp 20 beschilderten **Trailrunning-Strecken** im Pitztal. Die Region hat sich über die Jahre zu einem echten Paradies für Bergläufer gemausert und trägt mit dem Pitz Alpine Glacier Trail eines der Trailrunning Events schlechthin aus.

Bei Schnee und Eis

Von Dezember bis in den März finden **Eiskletterer** im Pitztal gleich über vierzig Eisfälle. Anfänger können sich mit geschulten Guides etwa in der Taschachschlucht versuchen, fortgeschrittene Kletterer finden bis hoch zum Pitztaler Gletscher mehrere Eiskletterrouten.

Eisklettern

Das Pitztal lässt sich im Winter bei einer Skitour hervorragend erkunden. Im eigens errichteten **Skitourenpark** am Pitztaler Gletscher können sich Anfänger in verschiedenen Routen versuchen, gekrönt wird das Skitourenerlebnis für Könner mit einer **Besteigung der Wildspitze**.

Schlafen

Seit 60 Jahren ist das **Verwöhnhotel Wildspitze** familiengeführt, erst kürzlich wurde das Haus umfassend renoviert und bietet Zimmer, Appartements und Suiten, ein einladendes Restaurant und das großzügige Spa samt Infinitypool.

Mandarfen 46, 6481 Mandarfen
hotel-wildspitze.com

Im **Biohotel Stillebach** von Gastgeberin Trudi Melmer steht die Natur im Fokus. Dies merkt man sowohl in den mit natürlichen Materialien eingerichteten Zimmern als auch im Wellnessbereich. In der Küche werden nur regionale und saisonale Zutaten verarbeitet – mit besonderem Fokus auf vegetarische und vegane Gerichte. Schön ist auch der kleine Naturteich direkt vorm Haus und der Blick auf die Wildspitze.

Stillebach 83, 6481 St. Leonhard im Pitztal
stillebach.at

Ein edler Stil, der dank natürlicher Materialien und Farben nicht die Heimat außer Acht lässt, kennzeichnet das **Alpine Resort Sportalm**. Ein großzügiger Spa-Bereich sowie die Qualität der Küche machen den Aufenthalt bei Familie Schwarz rundum gelungen.

Plangeroß 36, 6481 Plangeroß
sportalm.net

Essen

Unmittelbar vor einer Wanderung lässt es sich in der **Zirbenbäckerei** an der Talstation der Hochzeigerbahn in den Tag starten. Das gemütliche Café bietet neben frischem Brot, Kleingebäck und süßen Backwaren auch den ausgefallenen Zirbencappuccino.

Liß 270, 6474 Jerzens

Überraschend ist das **WNDRLX Bistro** in St. Leonhard im Pitztal. Die Karte ist überschaubar, abends gibt es wechselnde Gerichte. Und in dem coolen Ambiente bleibt man gerne mal auf einen Drink.

Mittelberg 83, 6481 St. Leonhard im Pitztal
wndrlx.com/de/bistro

Sommers wie winters ist die urige und doch moderne **Tanzalm** am Hochzeiger eine Einkehr wert. Besonders spannend ist die Milchpipeline aus den 50er Jahren, die die Milch der Bauern für die Weiterverarbeitung direkt von der Alm ins Tal befördert.

Hochzeiger, 6474 Jerzens
tanzalm-jerzens.com

Einkaufen

In Arzl, am Eingang zum Pitztal, bietet das **Kaufhaus der Berge** ein ausgewähltes Sortiment an Naturkosmetik und Pflegeprodukten, alpinen Spezialitäten und Souvenirs. Der Laden ist ein tolles Projekt von regionalen Handwerkern, Produzenten, Kräutersammlern und vielen mehr.

Dorfstraße 40a, 6471 Arzt im Pitztal
kaufhausderberge.at

Adventszeit

Ganz anders als die klassischen Weihnachtsmärkte ist der **Pitztaler Bergadvent** im Ortsteil Plangeroß. Ab dem 1. Dezember öffnet sich jeden Abend um 20:30 Uhr in einem anderen Haus ein Türchen – und die Gastgeberfamilie des jeweiligen Abends lädt Einheimische und Besucher ein, selbstgemachte Köstlichkeiten wie Bratäpfel, Strudel nach Omas Rezept oder selbstgeräucherten Speck zu probieren. Der ganze Ort erstrahlt dabei unter den Lichtern von 24 festlich dekorierten Fenstern, abgerundet wird das Erlebnis durch die donnerstags stattfindende Waldandacht und dem freitags aufgeführtem Krippenspiel der örtlichen Schulen und Kindergärten.

Tiefentalalm

OBERINNTAL

Von den Almwiesen bis ins ewige Eis

Eine Fahrt auf der Kaunertaler Gletscherstraße ist ein wahres Naturschauspiel. Auf einer Länge von 26 Kilometern windet sich die mautpflichtige Straße über 29 Kehren hoch bis auf 2.750 Meter und überwindet dabei einen Höhenunterschied von knapp 1.500 Metern. Während der Fahrt passiert man sämtliche Vegetationsstufen der Alpen – und kommt aus dem Staunen nicht mehr heraus.

Zwar ist die Kaunertaler Gletscherstraße ganzjährig geöffnet, im Winter dient der Weg aber primär als Zubringer zum Skigebiet des Kaunertaler Gletschers. Doch wenn in den warmen Monaten der Skitrubel in Sommerpause ist, offenbart sich die Besonderheit dieser einzigartigen Bergwelt ganz.

Die Straße führt vom Ort Feichten auf 1.273 Metern hoch bis zu den Ausläufen des Gletschers auf 2.750 Metern – mit der Falgingjochbahn geht es noch weiter bis auf eindrucksvolle 3.113 Meter. Schon kurz nach Passieren der Mautstelle lohnen sich immer wieder Stopps links und rechts der Straße. Durch den Rückzug des Gletschers zeigt sich Besuchern eine sich stetig verändernde Bergwelt. Highlights sind der Gepatschstausee mit seiner außergewöhnlich Farbe, eine kurze Wanderung zu den malerisch gelegenen Seelesseen, die an heißen Tagen zu einem Sprung ins Wasser einladen, der surreal blau-schimmernde Weißsee und natürlich die Ausläufer des Gletschers.

Gepatschstausee

Von hier aus nimmt man entweder die Bahn auf über 3.000 Meter Höhe oder spaziert in wenigen Minuten vorbei an Schneefeldern zur begehbaren Gletscherspalte, wo man den Gletscher auf einem kleinen Rundweg im Inneren erkunden kann.

kaunertaler-gletscher.at

Auf in die Berge

Gut versteckt liegt das Hochtal der **Pfundser Tschey** rund 600 Meter über dem gleichnamigen Ort Pfunds im Oberinntal. Mehrere Dutzend alte Holzstadl prägen das einzigartige Landschaftsbild, das ganzjährig zu Wanderungen einlädt. Einzigartig ist auch die Tatsache, dass die Heustadl und Kochhütten samt angrenzender Bergwiesen kein Almgebiet sind, sondern sich im Privatbesitz mehrerer Bauern befinden, die sie für Besucher öffnen. Neben einem einfachen Spaziergang samt Besichtigung der kleinen Kapelle Maria Schnee lohnt auch eine erweiterte Tour zur Platzer Alm oder auf den Frudiger, den Hausberg von Pfunds.

Eine einfache Wanderung lässt sich am Aussichtsberg **Mutzkopf** unternehmen. Oder man macht eine Radtour über die italienische Grenze zum **Reschensee** in Südtirol mit dem berühmten Kirchturm im See.

Reschensee

Ein wahres Paradies für Mountainbiker und Trail-Liebhaber ist die Region Serfaus-Fiss-Ladis im Sommer. Neben abwechslungsreichen Singletrails zwischen 1.200 und 2.600 Metern Höhe bietet der **Bikepark Serfaus-Fiss-Ladis** die perfekte Infrastruktur mit Gondeltransport, Verleihstelle, Übungsareal und natürlich Trails in unterschiedlichen Schwierigkeitsgraden.

bike-sfl.at

Schlafen

Die **Ögghöfe** sind die ältestesten Bauernhäuser im Kaunertal, in denen man wundervoll träumen kann.

Ögg 221, 6524 Kaunertal
oegg-hof221.at

Hof Alpenjuwel ist ein geschichtsträchtiger Hof in Nauders mit Einblick in den Schafstall.

Kreuzgasse 133, 6543 Nauders
alpen-juwel.at

Gekonnt haben Gastgeber Sabine und Michael die Zimmer und Gastronomiebereiche des **Hotel Gebhard** in Fiss zu einem zeitgemäßen Lifestyle-Hotel verwandelt. Die Zimmer punkten durch natürliche Farben und Materialien, der Service ist top und die Küche auf qualitativ hohem Niveau.

Via-Claudia-Augusta 36, 6533 Fiss
hotel-gebhard.at

Glückszeit, Naturwunder, Kraftquell und Co – der Name ist Programm. Die Ferienwohnungen im **Aparthotel Arabella** bieten die perfekte Ausstattung und Lage für einen Urlaub in Nauders.

Nauders 355, 6543 Nauders
hotel-arabella.com

Essen

Regionale Produkte aus dem Dreiländereck Österreich-Italien-Schweiz findet man im kleinen Bistro und Laden **Tregusto** im Zentrum von Nauders.

Doktor-Tschiggfrey-Straße, 6543 Nauders
tregusto.at

Im **Luis** wird die Kunst der Steakzubereitung großgeschrieben, befand sich am heutigen Standort doch die einstige Metzgerei von Opa Luis. In vierter Generation ist es heute ein hipper Treffpunkt mit super Steaks, Burgern, Pizzen und Drinks.

Doktor-Tschiggfrey-Straße 50, 6543 Nauders
luis-nauders.at

Berg im Glas oder Bier im Glas? Am besten beides! Gerstlsuppe, geschmortes Berglamm oder Graukassuppe – die Köche Andi und Toni vom **Berghof** in Greit bei Pfunds sind kreativ, wenn es um die Zubereitung von Slow Food in Einmachgläsern geht. Und da es zu den hausgemachten Spezialitäten auch das passende Getränk braucht, brauen die beiden als **Die Bergbrauer** nun auch noch Bier auf 1.400 Metern.

Greit 364, 6542 Pfunds
berghof-pfunds.at, diebergbrauer.tirol

Einkaufen

Seit mehr als 130 Jahren werden im kleinen Ort Prutz im Kaunertal hochwertige Rodel per Hand gefertigt. Als **Kathrein Rodel** im Jahr 1886 gegründet wurde, wurden die Holzschlitten noch primär als Transportmittel vom Berg ins Tal genutzt; heute werden die Schlitten mit modernen Techniken zum Freizeitvergnügen für Groß und Klein. Im Werk erhält man nicht nur eine professionelle Beratung, sondern kann das Wunschmodel gleich mitnehmen.

Gießenstraße 7, 6522 Prutz im Kaunertal
rodel.at

Kathrein Rodel

Hotel Gebhard

IMST

Wein aus den Bergen

Zu alpin, zu kalt – zu verrückt. Als die ersten Winzer rund um die kleine Gemeinde Tarrenz mit dem Weinbau begannen, wurden sie vielerorts nur müde belächelt. Heute gehen aus dem sonnenverwöhnten Gurgltal mit besten Lagen preisgekrönte Weine hervor, die im nationalen Vergleich hoch angesehen sind.

Was vor zwanzig Jahren mit einer Hauslaube als Schattenspender begann, ist heute ein beachtliches Weingut auf einer Fläche von rund 3,5 Hektar. Mehr aus Leidenschaft denn aus Wissen fanden Alexandra und Georg Flür vom gleichnamigen Weingut zu ihrer heutigen Berufung, sind mittlerweile Vollerwerbs-Winzer und beliefern namhafte Hotels in ganz Tirol. Und so wurde aus anfangs 80 Flaschen eine beachtliche Anzahl von nunmehr 10.000 Flaschen pro Jahrgang.

Es sind die vielen Sonnenstunden, die südseitigen Hanglagen und der kalkhaltige Boden in Tarrenz, die beste Bedingungen für den Weinbau schaffen. Doch auch der Klimawandel trägt dazu bei, dass der Weinanbau nicht nur in niedrigeren Lagen wie etwa im Osten Österreichs oder in Südtirol möglich ist. Temperaturanstiege und die Lage auf rund 600 bis 900 Metern Höhe sorgen durch das so genannte „cool climate" dafür, dass die Trauben in Tirol bis in den Oktober hinein hängen und in Ruhe reifen können. So erhöht sich der Zuckergrad durch die lange Vegetationszeit. Eine Besonderheit, die dem Tiroler Wein eine natürliche Säure und eine besonders fruchtige Note verleiht.

Und diese Note ist gefragt. Waren es anfangs noch die Regionalität und Exklusivität aufgrund der begrenzten Menge, die für Aufsehen und die entsprechende Nachfrage sorgten, ist es heute die Qualität, mit der der Wein aus Tirol punkten kann. Bei einem Blick auf die Weinkarte sollte man im Restaurant also besonderes Augenmerk auf Wein aus Tirol legen.

Preisgekrönt ist das Weingut Flür im Ortskern von Tarrenz. In vier Weingärten reifen hier die Sorten Solaris, Sylvaner, Chardonnay, Rösler, Müller-Thurgau, Weißburgunder sowie Zweigelt und Pinot Noir, die zu Weinen mit klingenden Namen wie Edel-Weiss, Casanova oder Torrento gekeltert werden. Weinverkostung (auf Anfrage) sowie Direktverkauf: weingut-fluer.at, weitere Weingüter in Tirol: tirolwein.at

Essen

Egal ob zum Bergfrühstück, zur Einkehr mit traditionellen Hüttenklassikern oder zum gemütlichen Grill & Chill am Freitagabend – die **Untermarkter Alm** in Hoch-Imst ist das Ziel einer kurzen Wanderung, Mountainbike-Tour oder dem Hochgondeln mit der Bergbahn. Ganzjährig geöffnet bietet die Alm zudem mehrere Mehrbettzimmer sowie zwei Almsuiten, mit gemütlicher Ausstattung und tollem Blick ins Tal. Wer die Alm als Ausgangspunkt nutzt, findet von hier aus auch schöne Wander- und Skitouren weiter zur Muttekopfhütte.

Haus Nr. 103, 6460 Imst
ualm.at

Durch den Fels

Spektakulär ist die rund 1,5-stündige Wanderung durch die **Rosengartenschlucht**, die direkt am Stadtrand von Imst beginnt. Schon am Eingang zur Schlucht bringen einen die in den Fels gebauten Wohnhäuser zum Staunen. Über Holzsteige, Felsstiegen und durch kleine Felstunnel führt der rund 4,5 Kilometer lange Weg bis nach Hoch-Imst, wo an heißen Sommertagen ein kleiner Badeteich zur Abkühlung wartet.

Feste

Bei der **Schafschied** im Herbst werden an die 1.000 Schafe und Lämmer von der Alm hinab ins Tal getrieben, wo das Eintreffen von zahlreichen Gästen und Einheimischen mitten im Dorf gefeiert wird.

Yoga

Eine große Auswahl an Yoga Retreats, Workshops und Kursen, aber auch die Ausbildung zum Yoga-Lehrer werden im **AlpenRetreat Tirol** angeboten. Dank der direkten Lage am Fuße der Berge lässt sich der Yoga-Urlaub gut mit Aktivitäten wie Wandern, Klettern oder Mountainbiken kombinieren.

Fernpass 483, 6465 Nassereith
alpenretreat.com

Untermarkter Alm

Muttekopfhütte

TIROLWEST

Sterne schauen

Nicht nur tagsüber, auch in den dunklen Stunden können die Berge ein ganz besonderes Panorama offenbaren. Wenn sich in einer klaren Nacht abertausende Lichter am Himmel zeigen, laden sie zur Sternenbeobachtung ein.

Es ist stockdunkel auf 2.212 Metern Höhe, zumindest auf den ersten Blick. Denn mit zunehmender Dunkelheit und Ruhe im Tal zeigt sich oben am Berg ein völlig anderes Bild: ein glitzernder Himmel mit einem Lichtermeer an

Sternen, Planeten und Satelliten. Wir stehen an der Sternwarte am Venet, oberhalb von Landeck, und können uns nicht sattsehen. Vereinzelt entdecken wir nur wenige Tage vor der Perseiden-Nacht auch Sternschnuppen – und sprechen leise einen Wunsch aus.

Wir haben durch die Elektrifizierung den Himmel weggeknipst, findet unser Guide Norbert Span. Denn zugegeben – wer in der Stadt lebt, wird bisweilen kaum den eindrucksvollen Anblick eines Sternenhimmels zu sehen bekommen. Wir erfahren, dass es nicht Sterne, sondern die Planeten Jupiter und Saturn sind, die in der Abenddämmerung als erstes am Himmel zu sehen sind. Wir entdecken Satelliten, die als Lichtpunkte vorbeiziehen, Sternenbilder und das helle Band der Milchstraße. Wir werfen einen Blick durch das Teleskop und erkennen das Ringsystem des Saturn. Und wir lernen, dass Planeten der Sonne folgen und somit im Süden am hellsten und besten zu erkennen sind. Doch neben all dem neu erlernten Wissen um Planeten und Sterne ist es einfach der atemberaubende Anblick des Nachthimmels, der uns zum Staunen bringt und die Sterne zum Greifen nahe erscheinen lässt.

Sternebeobachtungen mit ausgebildeten Guides finden zu ausgewählten Terminen und gegen Voranmeldung an der Sternwarte am Venet statt. Neben Gästen der Gipfelhütte können auch Tagesgäste die geführte Tour inklusive Berg- und Talfahrt buchen. Auf Anfrage werden zudem Sonnenbeobachtungen angeboten.
venet.at

Durch den Fels

Ein eindrucksvolles Naturschauspiel ist ein Besuch des **Zammer Lochputz**, einer der schönsten Klammen Tirols. Auf einem sicheren Steig führt die Tour bis zum Lötzer Wasserfall, wo bis zu 2.000 Liter Wasser pro Sekunde aus einer Höhe von 30 Metern herabfallen. Besonders sind die geführten Abendwanderungen, die regelmäßig im Sommer und Winter stattfinden.

zammer-lochputz.at

Schlafen

Fünf moderne Appartements und ein Infinity Pool auf dem Dach – mit dem **Sonnenhang** haben sich Gastgeber Doris und Albert einen persönlichen Traum verwirklicht und begrüßen ihre Gäste nun fernab des Trubels, mit hinreißendem Garten, freiem Bergblick und Rooftop-Spa.

Eichholz 352a, 6521 Fließ
apartment-sonnenhang.at

In sonniger Hanglage liegt das **Apartmenthaus Wally** am Fuße des Venet in Zams. Die Panoramaterrasse mit angrenzendem Garten sorgt für die verdiente Erholung.

Rifenal 15, 6511 Zams
apartment-wally.tirol

Essen

Gastwirt Seppl Haueis bereitet traditionelle Gerichte mit saisonalen Zutaten aus eigenem Anbau und der Jagd zu. Serviert wird in den geschichtsträchtigen, holzvertäfelte Stuben des **Postgasthof Gemse.**

Hauptplatz 1, 6511 Zams
postgasthof-gemse.at

Einkaufen

Chocolatier Hansjörg Haag kreiert mit seinem Sohn Christoph handgemachte Schokolade. Die Tiroler Edle Schokolade ist schon längst im ganzen Land bekannt, bei einer Führung im **Schoko-Laden** in Landeck erfährt man alles über die besondere Schokolade – und darf dabei verschiedene Sorten probieren.

Maisengasse 19, 6500 Landeck
tiroleredle.at

Schoko-Laden

PAZNAUN-ISCHGL

Ein ganz besonderes Schnapserl

Wenn einem im Tiroler Paznauntal ein Enzianschnaps von Einheimischen angeboten wird, darf man sich sicher sein, dass es ein ganz besonderer Anlass ist. Denn der Schnaps, der hier ins Glas kommt, kann nicht gekauft werden.

Mit dem Schnaps aus dem Supermarkt, mit blauer Enzianblüte auf dem Etikett, hat der Enzianschnaps aus Galtür nichts zu tun. Denn während Enzian seit den 1960er Jahren unter Naturschutz steht und das Produkt im Supermarkt lediglich parfümiert ist, hat man sich im hintersten Paznauntal eine Ausnahmeregelung ausgehandelt.

Jährlich dürfen hier noch 1.300 Kilogramm der wertvollen Wurzel des Gelben Enzians geerntet und zu Schnaps verarbeitet werden. Da der Enzianschnaps eine große Tradition im Tal hat, ist die Nachfrage entsprechend hoch. Und so wird alljährlich am Galtürer Kirchtag Anfang September ausgelost, welche 13 Familien das Recht erhalten, je 100 Kilogramm Enzianwurzeln zu ernten. Wer ausgewählt wurde, ist infolge für die nächsten drei Jahre gesperrt.

Ab Oktober ziehen die Familien los zur Ernte; eine mühevolle Handarbeit, die viel Feingefühl verlangt und äußerst schweißtreibend ist. Denn die besten Wurzeln finden sich in höheren Lagen, im steinigen Gelände. Hält der Winter früh Einzug in den Bergen, endet das Enzianstechen im Schnee. Gerade einmal sieben Liter pro Familie lassen sich aus den Wurzeln gewinnen. Kein Wunder also, dass der Galtürer Enzianschnaps nur zu besonderen Anlässen wie Hochzeiten, Taufen oder Geburtstagen auf den Tisch kommt. Wer also im Urlaub in Galtür einen Enzianschnaps angeboten bekommt, darf sich sicher sein, dass er das Herz des Gastgebers erobert hat.

Berglisee

Auf in die Berge

Über 34 Kehren schraubt sich die **Silvretta Hochalpenstraße** von Galtür im Paznauntal auf die 2.032 Meter hohe Bielerhöhe und von dort hinab ins Montafon in Vorarlberg. Die Route gilt zu Recht als eine der schönsten Gebirgsstraßen der Alpen. Nicht nur die umliegenden Berge, darunter der Piz Buin mit 3.312 Metern Höhe, auch die Seen Vermunt und Silvretta sind hinreißend.

Im Talschluss des Jamtals liegt auf 2.164 Metern die gleichnamige Schutzhütte, auch Alpines Ausbildungszentrum des DAV. Der Zustieg erfolgt auf der langen, aber gut machbaren **Wanderung durch das Jamtal**, vorbei an der idyllischen Menta Alm sowie der Scheiben Alm, wo es Paznauner Almkäse aus eigener Erzeugung gibt. Die Jamtalhütte mit Übernachtungsplätzen ist auch idealer Ausgangspunkt für weitere Touren in die umliegenden Berge der Silvrettagruppe.

Der **Berglisee** auf 2.115 Metern hoch über Mathon ist einer der schönsten Bergseen des Paznauntals und noch ein richtiger Geheimtipp. Wahrscheinlich, weil der rund 1,5-stündige Zustieg durchaus schweißtreibend ist.

Bei Schnee und Eis

Abseits der präparierten Pisten sind die **Freeride**-Hänge des Skigebiets in Kappl ein Paradies für Tiefschneefahrer. Die meisten Hänge sind direkt von der Bergstation der Alblittbahn aus zu erreichen. Erfahrene Guides der Skischule Kappl nehmen auch Anfänger mit auf eine Tour durch den Tiefschnee.

Bergwiesenglück

Schonmal nachts durch die verschneite Landschaft mit **Schneeschuhen** gestapft? Einmal wöchentlich sowie auf Anfrage führt Gottfried Ladner die Gäste in rund 1,5 Stunden zur Bergstation Dias in Kappl, wo es wahlweise mit der Gondel oder auf dem Rodel zurück ins Tal geht.

kappl.com

Skisafari nennt sich die Tour durch die Silvrettagruppe, bei der man auf Skiern, Pistengeräten, in Bergbahnen und Kleinbussen unterwegs ist. Gezogen von einem Pistenbully, auf einer variantenreichen Abfahrt durch den Wald, mit der Bergbahn wieder nach oben und dem Tunneltaxi durch den Bergstollen auf der Bielerhöhe. Am Ende des Tages kehrt man müde, aber zufrieden zum Ausgangspunkt zurück.

Schlafen

Moderne Chaletstadl, die den alten Heustadln im Tal nachempfunden sind, bietet das **Bergwiesenglück** am Hang über dem Dorf See. Am liebsten würde man das Chalet den ganzen Tag nicht verlassen, es lohnt sich aber, im beheizten Outdoorpool ein paar Runden zu ziehen und die Küche des Hauses zu genießen, die auch für Gäste von außen geöffnet hat. Frühstück wird auf Wunsch direkt ins Chalet serviert.

Neder 400, 6553 See
bergwiesenglueck.at

Natürliche Materialien wie Holz und Stein sorgen im **Vaya Galtür** sowohl auf den Zimmern als auch im Restaurant- und Wellnessbereich für eine angenehme

Atmosphäre. Am Ende des Paznauntals gelegen, ist das Hotel idealer Ausgangspunkt für Touren rund um Galtür.

Nr. 47b, 6563 Galtür
vaya-galtuer.at

Essen

Was einst initiiert wurde, um die Qualität der Almhütten im Paznauntal zu heben, ist heute eine etablierte Veranstaltung: Der **Kulinarische Jakobsweg** ist eine Genusswanderung, bei der fünf heimische Spitzenköche die Patenschaft für je eine Hütte übernehmen, die die kreierten Gerichte dann den ganzen Sommer lang auf ihrer Speisekarte führen.

Küchenchef Michael legt besonderen Wert auf Qualität. Deshalb gibt es im **Luis Diner** nur Lebensmittel regionaler Lieferanten. Ob zum Frühstück, zum schnellen Mittagessen oder zu Burger und Steak am Abend ist das Restaurant eine super Abwechslung zur typischen Hütteneinkehr.

Gewerbepark Ulmich 695, 6555 Kappl
luis-diner.at

Kappl-Paznaun

ST. ANTON AM ARLBERG

Auf zwei Brettern

Als Wiege des alpinen Skisports wird St. Anton am Arlberg gemeinhin bezeichnet, was dem Ort den Ruf einbrachte, das Skifahren erfunden zu haben. Zwar waren es in Wahrheit die Norweger, die den Skisport aus der Taufe gehoben haben. Aber in St. Anton wurde die Fahrtechnik revolutioniert. Noch heute ist die westlichste Region das Ski-Mekka Tirols.

Bereits Anfang des 20. Jahrhunderts wurde am Arlberg der erste Skiclub gegründet. In den 1920er Jahren pilgerten die ersten Urlauber hierher, um das Skifahren zu erlernen – und Ende der 30er Jahre wurden die ersten Skilifte gebaut.

Seither hat sich das Skifahren am Arlberg zu einem Massensport und Anziehungspunkt für Skifahrer aus aller Welt entwickelt. Immer mehr Lifte wurden über die Jahre gebaut, neue Pisten erschlossen, Restaurants am Berg und Hotels im Tal bewirten und beherbergen internationale Gäste.

Heute stehen wir in einem der größten Skigebiete Österreichs und absolvieren auf einer 85 Kilometer langen Runde den RUN of FAME – eine Skirunde durch das gesamte Skigebiet Ski Arlberg. Mit 18.000 Höhenmetern führt die Tour von St. Anton über Zürs und Lech bis nach Warth-Schröcken und wieder zurück. Machbar an einem Tag? Ja, wenn man ausreichend Kraft in den Oberschenkeln hat und statt einer gemütlichen Einkehr lieber noch ein paar Abfahrten bevorzugt. Wir wählen stattdessen lieber die gemütliche Variante und unterteilen die Runde in mehrere Tagesetappen. Immerhin führt die Tour an einigen Berghütten vorbei – und neben all dem Skivergnügen auf zwei Brettern darf auch der ein oder andere Einkehrschwung zu Kaspressknödelsuppe oder Käsespätzle nicht fehlen.

Über 300 Pistenkilometer, knapp 90 Lifte, 200 Kilometer Tiefschneeabfahrten und mit dem RUN of FAME eine grandiose Skirunde durch das gesamte Arlberggebiet.
Gut zu wissen: Der in St. Anton erworbene Skipass gilt für die komplette Arlbergregion.
skiarlberg.at

St. Anton am Arlberg

Auf in die Berge

Eine Wanderung oder Mountainbiketour ins **Verwalltal**, hoch zur Konstanzer Hütte und je nach Lust und Laune noch weiter ist ein landschaftliches Muss für alle, die im Sommer an den Arlberg kommen. Vorbei am Verwallstausee führt die Tour immer tiefer in eine eindrucksvolle Bergwelt. Wer noch ausreichend Kraft und Können besitzt, erweitert die Mountainbiketour zur Heilbronner Hütte, kurz nach der Grenze zu Vorarlberg.

Von der Kapelle in Pettneu führt eine Wanderung in knapp zwei Stunden ins ruhige **Malfontal** hoch zur Malfonalpe. Das Tal punktet mit unberührten Wäldern und Wiesen vor der Kulisse des Verwall.

Bei Schnee und Eis

Es braucht etwas Mut, um sich dem **Winterklettersteig** im Rendlgebiet zu stellen. Für den sehr schwierigen Steig sollte man einiges an alpiner Erfahrung mitbringen. Ist die rund 850 Meter lange Tour jedoch erfolgreich gemeistert, wird man mit einer herrlichen Skiabfahrt belohnt.

Feste

Alljährlich zieht **Der Weiße Rausch** tausende Wintersportler aus aller Welt nach St. Anton am Arlberg. Es ist ein Spektakel für sich, wenn über 500 Skifahrer, Snowboarder und Telemarker beim Massenstart am Vallugagrat stehen und darum konkurrieren, so schnell wie möglich ins Ziel zu kommen. Dass neben dem sportlichen Erfolg auch der Spaß nicht zu kurz kommt, zeigen die teils skurrilen Outfits der Teilnehmer. Mitmachen kann jeder, der das Nenngeld aufbringt. Aber auch Zuschauen lohnt sich.

Wenn sich der Sommer in den Bergen langsam dem Ende neigt, steht beim **Mountain Yoga Festival St. Anton** alles im Zeichen von Yoga, Bergerlebnissen und Waldluftbaden. Drei Tage lang können Anfänger und Fortgeschrittene verschiedene Yogastile ausprobieren und vertiefen – am Berg ebenso wie in inspirierenden Räumlichkeiten im Tal.

mountainyogafestivalstanton.at

Schlafen

Erst Anfang 2021 eröffnete das stilvolle **Ullrhaus** direkt an der Bergbahn. Angenehm erfrischend, hell und reduziert präsentieren sich die Zimmer, das Restaurant und der Spa-Bereich. Eine schöne, zeitgemäße Abwechslung zum traditionellen Alpenstil.

Alte Arlbergstraße 2, 6580 St. Anton am Arlberg
ullrhaus.at

Vier vollausgestattete und gemütliche Appartements direkt an der Talstation der Bergbahn bietet das **BIWAK** von Emanuel Falch. Wie praktisch, dass der Gastgeber ausgebildeter Guide ist und für Touren in die umliegenden Berge gebucht werden kann.

Nassereinergasse 11, 6580 St. Anton am Arlberg
biwak.at

Essen

Am besten Platz im Ort liegt die **Galzig Bistrobar** und ist ein beliebter Treffpunkt bei Einheimischen und Gästen – ob tagsüber zum Kaffee, zum Aperitif am späten Nachmittag oder zu international inspirierten Gerichten am Abend.

Kandaharweg 2, 6580 St. Anton am Arlberg
galzigbistrobar.at

Einen echten Überraschungseffekt bietet das **Sportcafé Schneider** von Gastgeber Niall Pomeroy. Gemütlich ist die Terrasse mitten im Ort, wer jedoch das Café betritt, findet sich plötzlich in einer durchgestylten Bar mit allerhand Hinguckern und ausgezeichnetem Essen wieder.

Dorfstraße 19, 6580 St. Anton am Arlberg

Mitten im Dorfzentrum zaubert Küchenchef Alessandro im **Anthony's** Pizza und Pasta auf den Tisch. Aber auch der Burger ist eine Empfehlung wert. Auf der kleinen Terrasse lässt sich das Treiben im Ort hervorragend beobachten.

Dorfstraße 3, 6580 St. Anton am Arlberg
anthonys.at

Panorama am Arlberg

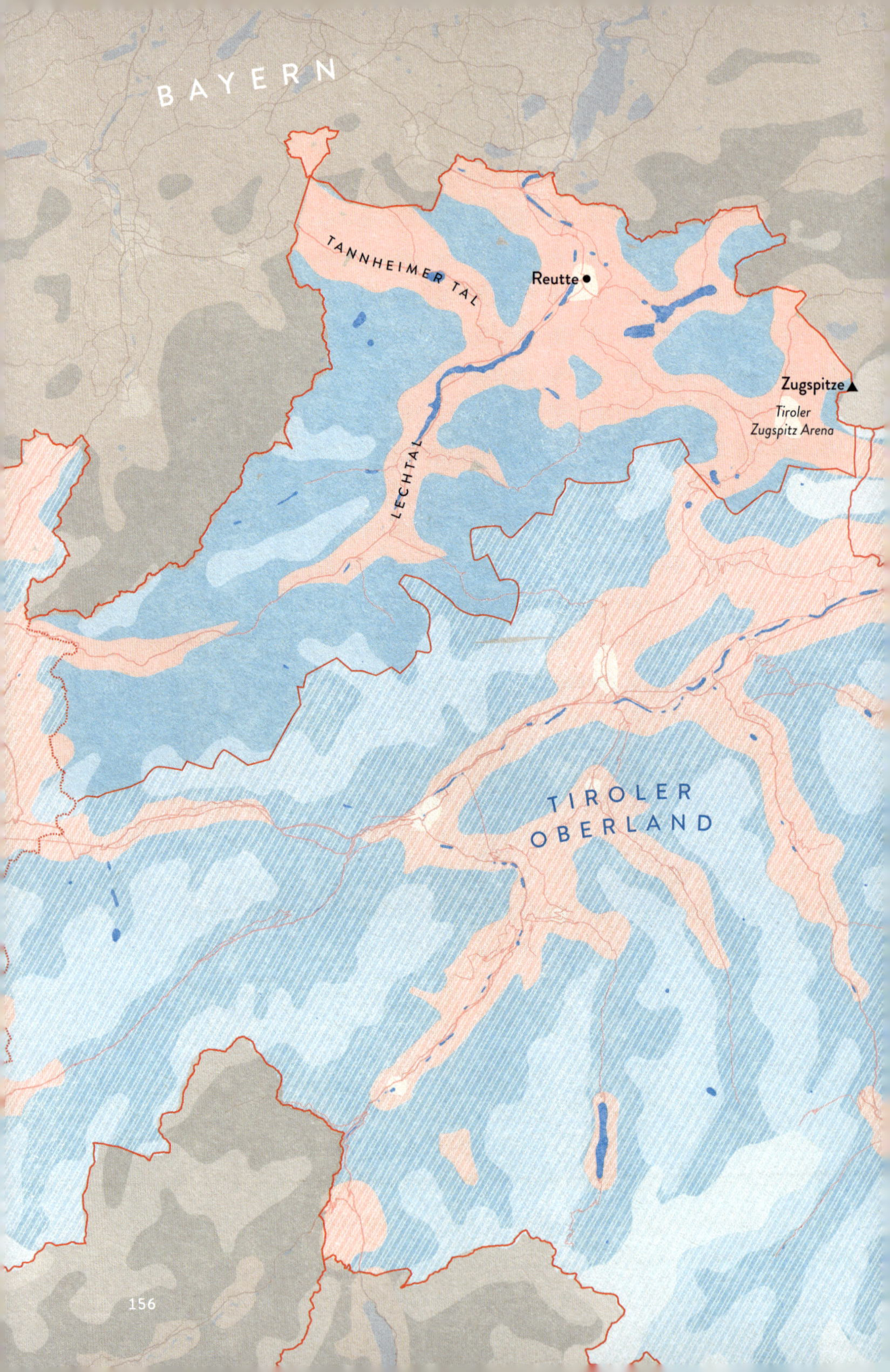
BAYERN
TANNHEIMER TAL
Reutte
Zugspitze
Tiroler
Zugspitz Arena
LECHTAL
TIROLER
OBERLAND

Außerfern

Wer nach einer Bedeutung für die Bezeichnung Außerfern sucht, wird in der saloppen Übersetzung von „hinter dem Fern(pass)“ fündig. Denn das Tannheimer Tal, das Lechtal, die Naturparkregion Reutte und die Tiroler Zugspitz Arena, die gemeinhin als das Außerfern bezeichnet werden, sind nur über den Fernpass mit dem restlichen Tirol verbunden. Die bessere Anbindung an das benachbarte Bayern zeigt sich zum einen durch die Allgäuer Alpen, zum anderen mancherorts auch durch den vom Allgäu geprägten Dialekt. Anders als in vielen Regionen Tirols sucht man Touristenmassen im Außerfern vergebens.

TIROLER ZUGSPITZ ARENA

Wenn die Berge brennen

Einmal im Jahr, wenn der längste Tag auf die kürzeste Nacht trifft, stehen in den Alpen die Berge in Flammen. Die Sonnwendfeuer sind eine langjährige Tradition, um den Sommer zu begrüßen. Besonders imposant sind sie im Talkessel der Tiroler Zugspitz Arena.

Die Sonnwendfeuer sind eine gelebte Tradition im Alpenraum aus dem 14. Jahrhundert. Die Feuer am Berg sollen Dämonen und böse Geister vertreiben und die Bewohner im Tal beschützen. Was alljährlich Besucher aus aller Welt anzieht, ist selbst für Einheimische nach vielen Jahren noch ein besonderes Ereignis.

Kein Wunder, geht den Sonnwendfeuern doch eine monatelange Planung voraus. Immerhin müssen die gewählten Motive – darunter Symbole aus Mythologie und Spiritualität, aber auch tagesaktuelle Themen – sorgfältig an die Topographie der Berghänge und Felswände angepasst werden. In der Tiroler Zugspitz Arena planen mehr als 300 Bergfeurer die Feuerskulpturen. Sie tragen am Tag der Sonnwende an die 700 Säcke Sägemehl und Rapsöl bis auf 2.000 Meter Höhe hinauf.

Aufgrund des fast vollständig von Bergen umgebenen Talkessels der Tiroler Zugspitz Arena sind die Sonnwendfeuer hier ein ganz besonderes Schauspiel. Nach und nach erscheinen nach Einbruch der Dämmerung die lodernden Motive auf den Bergen. Rund 10.000 einzelne Feuer werden dafür entzündet. Richtig gut sind die Motive von den Spazierwegen im Moos zu erblicken. Von hier aus hat man einen 360°-Rundumblick auf den Ehrwalder Talkessel.

Zugspitze

Auf in die Berge

Eine einfache Wanderung führt zum **Seebensee**, einem der zweifellos schönsten Seen Tirols. Wer mag, führt die Wanderung noch fort bis zur Coburger Hütte und genießt von dort einen traumhaften Blick auf den See – und die Zugspitze. Oder man kehrt beim Rückweg auf der nahegelegenen Seebenalm ein.

Von Ehrwald geht es mit der **Tiroler Zugspitzbahn** in gerade mal 10 Minuten auf 2.962 Meter – das Ticket ist im Sommer deutlich günstiger als die Bergbahn auf deutscher Seite. Angekommen, wartet nicht nur ein ausgezeichnetes Panorama, sondern der wohl höchste Grenzübertritt zwischen Deutschland und Österreich. Schöner Tipp: eine Sonnenaufgangsfahrt mit anschließendem Bergfrühstück.

Tiroler Zugspitzbahn, Obermoos 1, 6632 Ehrwald
zugspitze.at

Eine sportliche **Mountainbikerunde**, die sowohl ohne als auch mit E-Antrieb gut machbar ist, führt als Rundtour über Lermoos, vorbei an den Loisach Quellen über den Fernpass-Römerweg zum idyllisch gelegenen Blindsee und von dort aus weiter über den Weißensee zurück nach Ehrwald. Erfahrene Biker erweitern die Tour über den herausfordernden Blindseetrail. Wer sein Trail-Können trainieren möchte, plant einen Abstecher zur Skill Area am Fuße des Grubigstein ein.

Ans Wasser

Am Heiterwanger See bietet die SUP-Station nicht nur einen Verleihservice, sondern hat spezielle Touren wie **Night-SUP-Touren**, Sunrise- oder Sunset- sowie Yoga-Touren im Angebot.

Bei Schnee und Eis

Versteckt im ruhigen Rotlechtal, fernab des Skitrubels im Ehrwalder Talkessel, führt ein geräumter **Winterwanderweg** hoch zur Ehenbichler Alm. Vorbei an malerisch verschneiten Heustadln hat man sich nach Ankunft auf 1.685 Metern die Einkehr verdient. Zurück ins Tal geht's dann umso schneller mit dem Rodel.

Schlafen

Hochwertig ausgestattete Lodges und moderne Ferienwohnungen finden sich im **Alpendomizil Zugspitze** in Lermoos. Highlight des Hauses ist die 4.000 Quadratmeter große Gartenanlage zum Sonnenbaden, Entspannen oder Grillen.

Danielstraße 8, 6631 Lermoos
alpendomizil-zugspitze.at

Charmante Zimmer in einem kleinen Bed&Breakfast bietet das **BnB44** in Bichlbach. Die drei Zimmer sind mit Zirbenholz getäfelt, was für einen angenehmen Schlaf sorgt. Zum Frühstück gibt es Hausgemachtes und Bio-Produkte, im Winter kommt auch mal ein Heidelbeerschmarrn auf den Tisch.

Sämerhof 44, 6621 Bichlbach
bnb44.com

Essen

Zwei bis drei Berg- und Talfahrten in der Gondel und dabei Kaffee, regionale Wurst- und Käsespezialitäten sowie ein Glas Prosecco genießen, das geht beim **Gondelfrühstück** in der Almkopfbahn in Berwang. Im September gibt's zudem das Weißwurstgondeln mit Brezen, Senf und Weißbier.

berwang.tirol/gondelfruehstueck

Produkte aus der umliegenden Region, Kräuter aus dem hauseigenen Garten und Blick auf den Heiterwanger See warten bei einer Einkehr im **Hotel Fischer am See.** Im 100 Jahre alte Gewölbekeller des Hotels finden regelmäßig Käse- und Weindegustationen statt.

Heiterwanger See, 6611 Heiterwang
fischeramsee.at

Dem Koch über die Schulter schauen und dabei an den Namensgeber des Hauses, Opa Walter, denken: Das **Walters** in Biberwier ist ein feines, kleines Restaurant mit regionalen Gerichten und Zutaten aus den Alpen sowie Weinen vom eigenen Gut in der Toskana.

Schmitte 8, 6633 Biberwier
das-walters.at

Coburger Hütte

Seebensee

LECHTAL

Entlang des Lech

Von der Quelle am Arlberg bis zum Lechfall in Füssen, vom Hochgebirge ins Alpenvorland – und das zu Fuß: Wahlweise auf sieben bis zehn Tagesetappen führt der Lechweg auf 125 Kilometern entlang des namensgebenden, türkisgrünen Flusses, einem der letzten Wildflüsse Europas.

Es ist das geschwungene „L“, das immer wieder an Bäumen, Felsen oder eigens installierten Wegweisern zu finden ist. Verlaufen kann man sich am Lechweg kaum, nicht nur dank der regelmäßig ausgewiesenen Markierungen, sondern primär, da der Flusslauf die Richtung vorgibt. Er beginnt am Formarinsee am Arlberg, wo sich kurze Zeit später der Formarinbach und der Spullerbach zum Lech vereinen und sich fortan den Weg in Richtung Lechtal bahnt. Wanderer begleiten den Lech nun abwechselnd direkt entlang des Flussverlaufes oder nur wenige Gehminuten entfernt auf ausgewiesenen Wegen – vorbei an traditionellen Bergdörfern, kulturellen Einrichtungen und kulinarisch lohnenswerten Zwischenstopps – bis nach 125 Kilometern Fußweg das Ziel des Lechfalls in Füssen erreicht ist.

Holzgau

Entlang des Weges bieten die sogenannten Lechschleifen immer wieder die Möglichkeit, die Wanderung um ausgewählte Halbtages- oder Tagestouren zu erweitern und so noch weiter in die Landschaft einzutauchen. Und dann sind da noch die Lechweg-Produkte, für die man nicht nur ausreichend Zeit, sondern auch viel Platz im Rucksack haben sollte. Lokale Produzenten wie die Vilser Privatbrauerei, die Schaubrennerei Lechtaler Haussegen und der Bio-Bauernhof Gehrnerhof laden zum Zwischenstopp ein – und machen es schwer, den hausgemachten Produkten wie Gin, Käse, Bier oder Fleischspezialitäten zu widerstehen.

Wahlweise sieben bis zehn Tage, mit oder ohne Gepäcktransport, ist man je nach eigenem Ermessen auf dem Lechweg unterwegs. Die 15 Wegabschnitte lassen sich individuell einteilen und dank Anbindung an den öffentlichen Verkehr können einzelne Abschnitte auch mit dem Bus abgekürzt werden. Zwar bietet der Weg keine nennenswerte Schwierigkeit, zu unterschätzen ist er aufgrund einzelner Gegenanstiege und der Gesamtlänge jedoch nicht. Wer den Lech lieber auf dem Rad erkundet, folgt dem einfachen, aber abwechslungsreichen **Lechradweg** auf 52 Kilometern vom Ort Steeg bis in die Naturparkregion Reutte.
lechweg.at

Auf in die Berge

Als Gebirgspass zwischen dem oberen Inntal und dem Lechtal ist das **Hahntennjoch** (nur im Sommer befahrbar) eine der schönsten Routen ins Außerfern. Hat man den Pass auf 1.894 Metern mit dem Auto oder Fahrrad erreicht, warten landschaftlich lohnenende Wanderungen zur Anhalter oder Hanauer Hütte.

Ein großes touristisches Angebot sucht man hier vergebens: In Gramais, der kleinsten Gemeinde Österreichs mit gerade einmal 68 Einwohnern, ist das Leben ebenso beschaulich wie in Hinterhornbach, Pfafflar und Kaisers, den so genannten **Lechtaler Auszeitdörfern**. Wer Ruhe und Erholung ohne Ablenkung sucht, ist hier richtig. Sehenswert ist besonders die Sommersiedlung Pfafflar. Sie bildet eine der ältesten Höhensiedlungen Tirols mit alten Holzhäusern aus dem 13. Jahrhundert.

Bei Schnee und Eis

Bernhardseck ist ein kleines Almdorf auf 1.800 Metern, wo die **Bernhardseckhütte** mit tollem Panorama ins Lechtal und die Allgäuer und Lechtaler Alpen wartet. Zwar ist die Tour zur Hütte mit rund 2,5h Gehzeit etwas länger, der Blick lohnt die Mühe – hinab ins Tal geht es dank Rodel wesentlich schneller.

110 Meter in die Tiefe geht es auf der ganzjährig und kostenlos begehbaren **Hängebrücke** in Holzgau. Auf einer angenehmen Winterwanderung führt die Runde vom Ortskern in die Höhenbachschlucht und hoch zur Brücke, die neben einer kleinen Mutprobe eine tolle Aussicht bietet.

Schlafen

Direkt am Lechweg bietet das kleine **Hotel LechZeit** individuelle Zimmer mit viel Fichten- und Zirbenholz.

Klimm 1A, 6644 Elmen
lechzeit.com

Die auf 1.405 Metern gelegenen **Apartments Kasermandl** sind nur zu Fuß (45 Minuten) oder mit dem hauseigenen Shuttleservice zu erreichen und versprechen somit Erholung mitten in den Lechtaler Bergen.

Dorf 58b, 6652 Elbigenalp
kasermandl.tirol

Eine denkmalgeschützte Almhütte aus dem 16. Jahrhundert ist **Leos Alm**. Behutsam wurde die unglaublich gemütliche Alm vor wenigen Jahren renoviert, dabei wurde die Außenansicht ebenso original erhalten wie die Stube, die Stallwände und der Heuboden.

Boden 7-8, 6647 Pfafflar
leosalm-tirol.at

Essen

Wild aus den Lechtaler Alpen, Käse aus der örtlichen Käserei und Kräuter aus dem hauseigenen Garten kommen im **Wirtshaus Stern** auf den Tisch. Empfehlenswert sind die im September stattfindenden Wildwochen.

Dickenau 14, 6655 Steeg
der-stern.at

Rund vierzig Minuten Fußweg sind es von der Haltestelle Bockbach auf die **Postalm** auf 1.350 Metern. Sommers wie winters gibt es neben regionalen Schmankerln auch immer wieder Brunch sowie Steak- und Fondueabende.

6655 Steeg
poststeeg.at/seminare-feiern/postalm

NATURPARKREGION REUTTE

Aufregend

Gumpen springen, Wasserfälle bestaunen und mutige Abenteurer beim Canyoning beobachten: Die Rundwanderung zu den Stuibenfällen ist entspannt und gerade im Sommer perfekt. Weil der Weg nah am Wasser liegt, ist es herrlich kühl. Außerdem bieten kleine Naturpools die Möglichkeit zum Baden. Wem die knapp 1,5-stündige Wanderung nicht aufregend genug ist, macht eine Canyoning-Tour und stürzt sich direkt in die Fluten.

Mutprobe

Nichts für schwache Nerven ist ein Gang über die **highline179**. Die Fußgänger-Hängebrücke zwischen der Ruine Ehrenberg und dem Fort Claudia erhebt sich bis in eine Höhe von 114 Metern – und wackelt je nach Besucheranzahl merklich. Wer sich traut, wird mit einem Weitblick auf den Talkessel von Reutte und die umliegenden Berge belohnt.

highline179.tirol

Ans Wasser

Urisee, Plansee, Frauensee und der Lech – die Naturparkregion Reutte ist geprägt vom Wasser. Wie ein Fjord liegt der **Plansee** eingebettet in den Bergen; Surfer, Segler, Stand-Up-Paddler und Schwimmer kommen hier auf ihre Kosten.

Auf in die Berge

Eine Aussicht bietet etwa die **Dürrenberg Alm**, wo es sich nach getanem Aufstieg auf den Sonnenliegen herrlich entspannen lässt. Aber auch die **Musauer Alm** oder **Salober Alm** können mit Tiroler Gerichten und gutem Bergpanorama punkten.

Bei Schnee und Eis

Im Winter führen bestens präparierte und ausgeschilderte **Winterwanderwege** zu ausgewählten Hütten. Einige der Wege sind auch als Rodelbahnen ausgewiesen.

Schlafen

In dritter Generation hat Gastgeberin Victoria Foidl den **Tannenhof** bei Reutte übernommen und ihn zu einem modernen Hotel mit Fokus auf Radurlauber umgewandelt. Alle anderen sind natürlich ebenso willkommen.

Hinterbichl 12, 6610 Wängle
tannenhof.cc

Stuibenfälle

Essen

Im **Novellis** in Reutte kann man prima frühstücken. Ab mittags stehen Burger, Salate, Pizzen und Wraps auf der Karte.

Mühler Straße 12, 6600 Reutte
novellis.at

Kaffee aus der lokalen Rösterei Huangart im Ort, täglich wechselnde Suppen und Gerichte aus regionalen Zutaten sowie hausgemachte Kuchen gibt's im **Das Kaffee** im Zentrum von Reutte. Ein Besuch lohnt sich bereits zum Frühstück.

Obermarkt 49, 6600 Reutte
daskaffee.at

Neben Klassikern der Tiroler Küche kann man sich im **Restaurant Soyer's Sennerland** vom Käse aus eigener Herstellung überzeugen und die hauseigenen Gewürzmischungen mit dem Alm- oder Bergheukäse kosten.

Hauptstraße 26, 6604 Höfen
sennerland.at

Einkaufen

Die kleine **Spezialitätenrösterei Huangart** röstet Kaffee im traditionellen Trommelröstverfahren – und ist zugleich eine der wenigen Kaffeeröstereien Tirols. Qualität, Nachhaltigkeit und Fairness sind die wichtigsten Kriterien bei der Auswahl der Bohnen.

Kög 13, 6600 Reutte
huangart-kaffee.at

TANNHEIMER TAL

Gleitend durch die Winterlandschaft

Blauer Himmel, verschneite Berge und Wälder und eine frisch gespurte Loipe – wer auf zwei dünnen Brettern unter den Füßen durch die Landschaft gleitet und die Berge an sich vorbeiziehen sieht, versteht, warum das Tannheimer Tal ein Paradies für Langläufer ist.

Von leichten Runden für Anfänger über abwechslungsreiche Loipen für Fortgeschrittene bis hin zu Wettkampfstrecken für Sportliche - nicht ohne Grund steht das Tannheimer Tal für den Langlaufsport wie kaum eine andere Region Tirols. Rund 140 Loipenkilometer unterschiedlichen Anspruchs ziehen sich durch das Hochtal, vorbei an zugefrorenen Seen, verschneiten Wiesen und kleinen Dörfern. Mit dem SKI-TRAIL Tannheimer Tal-Bad Hindelang findet zudem jedes Jahr eine der größten Langlaufveranstaltungen Österreichs und Deutschlands statt.

Und auch wenn der Sport für so manchen auf den ersten Blick langweilig und weniger spektakulär als Skifahren wirken mag, sollte man dem sanften Dahingleiten auf zwei Brettern eine Chance geben. Das Langlaufen aktiviert so ziemlich alle Muskelpartien im Körper und bringt einen gehörigen Muskelkater nach den ersten Einheiten mit sich. Außerdem ist der Sport eine der schönsten Fortbewegungsmöglichkeiten, um die verschneite Winterlandschaft zu genießen.

Eine der schönsten Runden führt auf rund 13 Kilometern vom Zentrum Tannheims zum Vilsalpsee, der mitten im Naturschutzgebiet liegt. Die Natur könnte kaum schöner sein und ist dank einer zufahrtsbeschränkten Straße autofrei. Wer den leichten Anstieg zum Vilsalpsee hinter sich gebracht hat, stärkt sich im Gasthof vor Ort bei herrlichem Ausblick über den See und die Berge für den anschließenden Rückweg.

Auf in die Berge

Eine der schönsten Wanderungen im Außerfern ist die **3-Seen-Tour**. Zu Fuß oder mit der Bergbahn geht es von Tannheim zunächst hoch aufs Neunerköpfle, weiter zur Schochenspitze, mit 2.069 Metern höchster Punkt der Tour, und weiter zur Lache, dem ersten See der Wanderung. Vorbei an der Landsberger Hütte geht es über den Traualpsee hinab zum malerisch gelegenen Vilsalpsee, wo ein Sprung ins kalte Wasser nicht fehlen darf. Empfehlenswert ist die Erweiterung auf eine Zweitagestour mit Übernachtung auf der Landsberger Hütte und Abstieg über den Schrecksee.

Vilsalpsee im Sommer

Noch lange in den Herbst hinein ist die Wanderung auf den markanten **Aggenstein** dank der sonnigen Südlage eine besonders attraktive Tour. Von Grän aus führt die mittelschwierige Wanderung stetig nach oben, wer den felsigen Gipfel des Aggenstein erklommen hat, belohnt sich am Rückweg mit einer Einkehr auf der Bad Kissinger Hütte – oder direkt mit einer Übernachtung in den Bergen.

Bei Schnee und Eis

Größere Skigebiete sucht man im Tannheimer Tal vergebens, hier steht der sanfte Winter im Fokus. Neben dem Langlaufangebot warten zahlreiche gut präparierte und markierte **Winterwanderwege** sowie **Rodelbahnen** darauf, entdeckt zu werden. Eine idyllische Tour mit Einkehr führt hoch zur Krinnenalpe.

Hoch mit der Bergbahn und nach wenigen Gehminuten das Skigebiet hinter sich lassend, führt auf rund 1.800 Metern ein Winterwanderweg auf konstanter Höhe ums **Neunerköpfle**. Die einfache Wanderung ist in rund 1,5 Stunden geschafft, zum Abschluss wartet der Eintrag ins größte Gipfelbuch der Alpen und ein famoser Rundumblick.

Schlafen

In einer ehemaligen Scheune sind im **Gasthaus Morent** drei Wohnungen in modern-alpinem Stil entstanden. Die Appartements sind hell, das Frühstücksangebot ist ausgezeichnet, in der gemütlichen Stube oder im lauschigen Weingarten lässt sich der Tag mit Blick auf die Berge perfekt ausklingen.

6677 Zöblen, Hausnummer 14
morent.at

Versteckt auf einer Anhöhe, umgeben von Wald und Wiesen, liegt nur wenige Meter von der bayerischen Grenze entfernt das **Naturhotel Rehbach**. Neben den renovierten Zimmern ist der Wellnessbereich mit Outdoorpool der ideale Rückzugsort, um die umliegenden Berge zu genießen.

Rehbach 1, 6677 Schattwald
rehbach-hotel.at

Essen

Slow Food auf gehobenem Niveau finden Gäste des **Gasthaus Morent** in Zöblen. Berglamm, Wildfangfisch, Bergschwein und Waldpilze kommen im urig kleinen Haubenlokal auf den Tisch. Unbedingt reservieren!

6677 Zöblen, Hausnummer 14
morent.at

Ob als Einkehrschwung beim Skifahren, zum Stärken nach einer Bergtour oder als Tagesausklang auf der Sonnenterrasse – das **s'Wannenjoch** mit Blick auf die Berge ist ein guter Tipp für ein behagliches Ambiente mit Tiroler Schmankerln.

Schattwald 32, 6677 Schattwald
swannenjoch.at

Überraschend modern ist das **Restaurant #achtzig**, das zu den La Soa Chalets gehört, aber auch für externe Gäste geöffnet ist. Die Karte ist klein, aber der

Vilsalpsee im Winter

Küchenchef verarbeitet regionale Zutaten unter anderem zu Beef-Carpaccio oder Schlutzkrapfen.

Schattwald 80, 6677 Schattwald
la-soa.at

Kurios

Ein österreichischer Ort mit deutscher Postleitzahl? Die Tiroler Gemeinde **Jungholz** beweist, dass es selbst das gibt – als Enklave ist die 300-Seelen-Gemeinde ausschließlich über deutsche Straßen zu erreichen. Jungholz hat nicht allzu viel zu bieten, aber ein Besuch lohnt sich für die Einkehr auf der schön gelegenen Alpe Stubental mit Hüttenunikat Karl und gutem Essen.

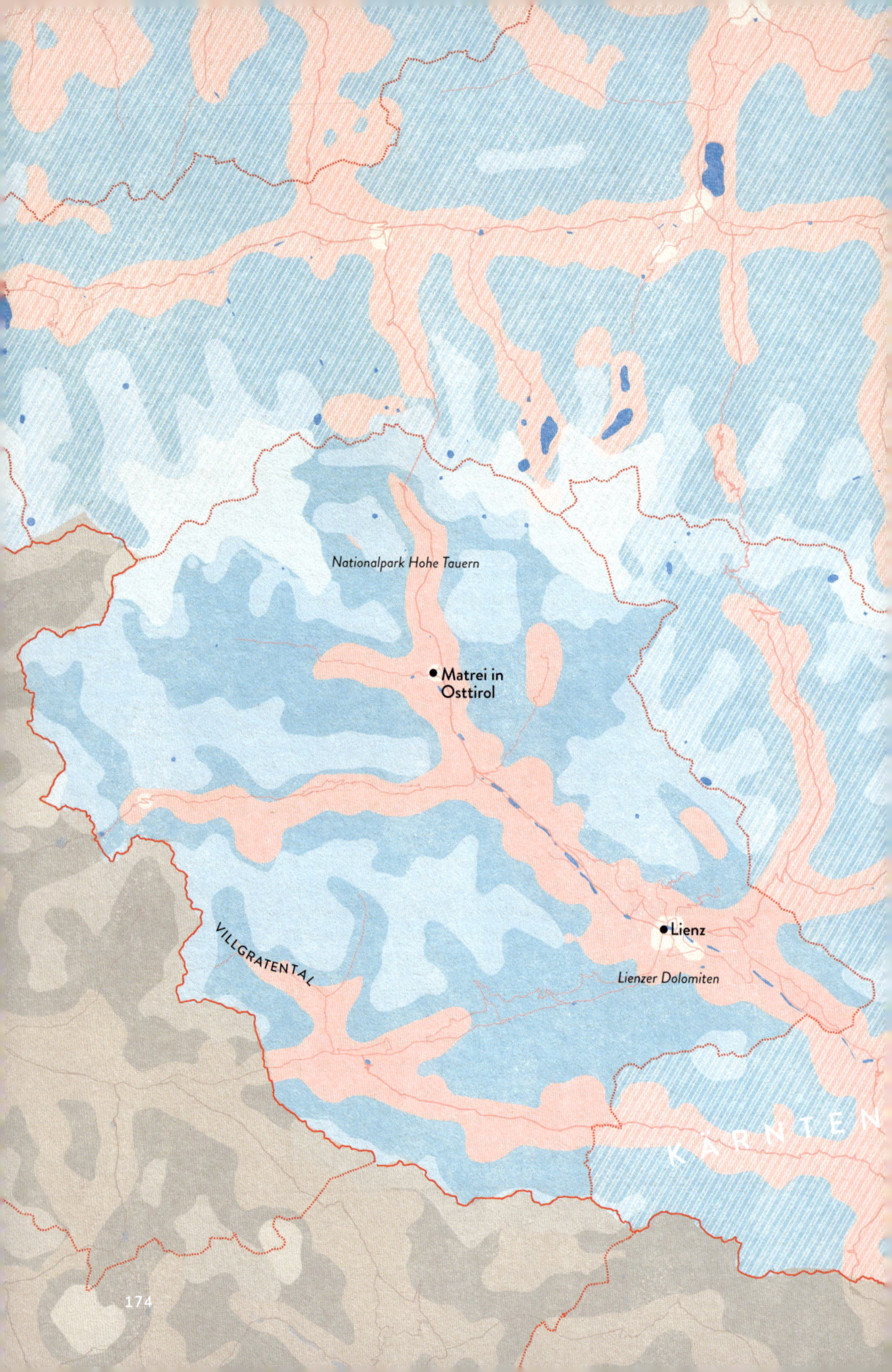
Nationalpark Hohe Tauern
Matrei in Osttirol
Lienz
Lienzer Dolomiten
VILLGRATENTAL
KÄRNTEN

Osttirol

Ein wenig ruhiger und ursprünglicher, aber auch ein wenig schroffer und alpiner. Markante Gipfel, kristallklare Bergseen, satte Almwiesen, rauschende Gletscherbäche, tosende Wasserfälle und manche der ursprünglichsten Täler und Bergdörfer machen die Region zu einer der eindrucksvollsten Naturlandschaften des Landes. Knapp 300 Dreitausender sind hier zu finden, mit dem Großglockner (3.798 Meter) und dem Großvenediger (3.657 Meter) zählen zudem gleich zwei der höchsten Berge Österreichs zu Osttirol. Naturliebhaber und Ruhesuchende werden Osttirol schnell in ihr Herz schließen, denn mit dem Villgraten- oder Defereggental, dem Nationalpark Hohe Tauern und den Lienzer Dolomiten hat die Region ganz besonders schöne Highlights zu bieten.

LIENZER DOLOMITEN

Schlafen am Abgrund

An einem 50 Meter tiefen Abgrund gebaut, ist die Dolomitenhütte eine der außergewöhnlichsten Hütten der Alpen. Außer ihrer Lage macht sie auch ihre Architektur einzigartig. Vollverglaste Zimmer mit Blick zum Spitzkofel machen einen Aufenthalt in den Lienzer Dolomiten zu etwas Besonderem.

Mitte der 30er Jahre errichtete Josef Amort – der einstige Betreiber der Karlsbader Hütte – die Dolomitenhütte an seinem Lieblingsplatz, auf halbem Weg hinunter ins Tal. Erst über die Jahre hinweg öffnete die Hütte außer im Winter auch im Sommer und wurde über eine Mautstraße zugänglich. Heute führen Scarlett und Juraj Oles die Dolomitenhütte und haben sie nach und nach zu dem ausgebaut, was sie heute ist.

Rund 800 Höhenmeter muss man überwinden. Ausgehend vom Ostufer des Tristacher Sees führt die Tour in Serpentinen nach oben. Zeit zum Verschnaufen bleibt kaum, denn die Steigung hat es in sich. Auf den letzten Höhenmetern lichtet sich der Wald, vor der letzten Kehre zeigen sich erstmals die schroffen Gipfel der Lienzer Dolomiten. Vorbei am Parkplatz, der für viele Tourengeher und Kletterer ein guter Ausgangspunkt ins hochalpine Gelände ist, legt man die letzten Meter entspannt zurück.

Und dann liegt sie vor einem: die Dolomitenhütte. Eingebettet in die umliegenden Berge, fast gänzlich gebaut aus Lärchenholz. Wie ein Adlernest thront sie auf einem Felsen. Von der Forstraße hat man einen einzigartigen Blick auf die Hütte und von der Sonnenterrasse eine einmalige Sicht. Besonders schön ist die Übernachtung in einem der vollverglasten Zimmer, die direkt über dem Abgrund liegen und den Blick auf den Spitzkofel freigeben. Morgens im Bett liegen, wenn die Sonne langsam aufgeht und die Gipfel in warmes Sonnenlicht taucht: Das ist hier oben auf über 1.600 Metern unschlagbar.
dolomitenhuette.at

Lienz

Irgendwie ist es in **Lienz** immer ein bisschen sonniger und mediterraner als in anderen Teilen Tirols. Das mag zum einen an der geographischen Lage liegen, die der Hauptstadt Osttirols rund 2.000 Sonnenstunden pro Jahr beschert. Auch die belebte Innenstadt könnte ein Grund sein: Palmen zieren die Straßen, Plätze, Cafés und Boutiquen laden zum Verweilen ein. Mit Blick auf das Zettersfeld im Norden und die Lienzer Dolomiten im Süden mischt sich in Lienz das Flair einer mediterran-anmutenden Kleinstadt mit alpiner Kulisse. Im Sommer zieht der Wochenmarkt Einheimische wie Tagesgäste an, im Winter verleiht der Weihnachtsmarkt der Stadt eine zauberhafte Atmosphäre.

Schlafen

Außergewöhnlich von außen als auch von innen ist der **Ufogel**, ein Tiny House fast vollständig aus Lärchenholz. Seine Form ist ebenso besonders wie die gekonnte Aufteilung der 45 Quadratmeter großen Wohnfläche – sowohl große Panoramafenster als auch Rückzugsmöglichkeiten im Schlafbereich überzeugen.

Gaimbergstraße 1a, 9990 Nußdorf-Debant
ufogel.at

Essen

Gemütlich sind die Stuben im **Strasserwirt**. Gäste dürfen sich auf das Überraschungsmenü oder die „Kulinarische Reise durch Osttirol" in mehreren Gängen freuen.

Dorfstraße 28, 9918 Strassen
strasserwirt.com

Sechs Wochen lang, von Februar bis März, verwandelt sich der Lienzer Hauptplatz zum kulinarischen Treffpunkt. Denn dann zaubern Osttirols Spitzenköche, allesamt hochprämiert, bei **Osttirol deluxe** vor Ort feine Gerichte auf die Teller. Reservierung empfohlen.

Osttirol deluxe – Gourmet Pavillons in Lienz

Auf 1.130 Metern Höhe liegt der vegan zertifizierte **Gasthof zum Ederplan**. Der Hof wird nachhaltig bewirtschaftet, gekocht wird nach der 5-Elemente-Lehre der Traditionellen Chinesischen Medizin. Tipp: das dreigängige vegane Überraschungsmenü mit saisonalen Produkten.

Stronach 10, 9992 Stronach
gasthofzumederplan.at

Einkaufen

Mit Blick auf die Lienzer Dolomiten fertigt Dagmar Eder in ihrer kleinen Werkstatt **Tonspuren** dekorative Objekte und Gebrauchskeramik aus Ton- und Porzellanmasse. Bei einem Besuch in ihrem Atelier kann man ihr nicht nur über die Schulter schauen, sondern auch die handgemachten Stücke erwerben.

Auenweg 25, 9900 Lienz
tonspuren.at

Historisches Bauernbad

Mit über 240 Jahren ist das **Aigner Badl** das älteste noch existierende Bauernbad in Osttirol. Seit jeher sagt man der schwefelhaltigen, hauseigenen Heilquelle eine wohltuende Wirkung bei Rheuma, Ischias, Gelenkschmerzen oder Wundheilung nach. Noch heute können Besucher in der hölzernen Wanne und den holzgetäfelten Kammern des Badehauses Platz nehmen. Nach dem dreißigminütigen Bad folgt eine ebenso lange Ruhepause zum Entspannen.

Abfaltersbach 13, 9913 Abfaltersbach
aigner-badl.at

VILLGRATENTAL

Die Schätze der Heimat

Es ist eines der entlegensten Hochtäler Tirols und noch heute bergbäuerlich geprägt. Alte Bauernhäuser, die teils hoch oben am steilen Berghang thronen, sind typisch für das Villgratental. Sieben Betriebe haben sich als „Kraftwerke Villgraten“ zusammengeschlossen, um die Erfahrung und Tradition von Generationen aufrecht zu erhalten.

Zwar könnten die Betriebe und deren Produkte teils unterschiedlicher nicht sein, doch sie alle blicken auf eine langjährige Tradition zurück, die sie schlussendlich miteinander verbindet. So fertigt etwa Bürsten Besen Rainer seit mehr als 30 Jahren handgefertigte Besen und Bürsten an, im vielfach ausgezeichneten Gannerhof kommen fast ausschließlich Zutaten aus der Region auf den Tisch, die Tischlerei Lanser gibt das traditionelle Tischlerhandwerk bereits über fünf Generationen weiter und Designer Bernd Mühlmann fertigt im hauseigenen Manufakturbetrieb moderne Kleidungsstücke aus hochwertigem Wollstoff aus dem Alpenraum. Sehenswert ist auch die rund 400 Jahre alte Schmiede Steidl, deren Schauraum dafür sorgt, dass das alte Handwerk eines Schmieds nicht in Vergessenheit gerät. Oder Villgrater Natur, das Zentrum für die Verarbeitung und Produktion von Schafwolle zu hochwertigen Produkten zum Wohnen, Kleiden oder Pflegen. Einzigartig ist auch der Wurzerhof in Außervillgraten, der neben Ferienwohnungen ein kleines Freilichtmuseum mit wasserbetriebener Mühle, altem Backofen, Schmiede, Waschküche und Sägewerk bietet.

Sie alle halten die alte Tradition ihres Handwerks aufrecht und geben diese mit Stolz weiter. Gäste können sich am so genannten Handwerkerweg auf die Spuren der Betriebe begeben. Bei individuellen Wanderungen erhalten sie Einblick in die uralte Handwerkstradition und entdecken die einzigartige Natur- und Kulturlandschaft des Villgratentals.
kraftwerkevillgraten.at

Oberstalleralm

Auf in die Berge

Sie ist eine der typischen Postkartenmotive Osttirols – die **Oberstaller Alm** auf 1.800 Metern Höhe. Zu erreichen ist die denkmalgeschützte Almsiedlung bei einer kurzen Wanderung von der ebenso schönen **Unterstaller Alm** oder per Biketour direkt ab Innervillgraten.

Im Talschluss des **Winkeltals** liegt die urige Volkzeinerhütte. Auf einer einfachen Tour ohne nennenswerte Anstiege geht es dem Winkeltalbach entlang vorbei an Almwiesen und durch Wälder. Angekommen bei Hüttenwirt Toni genießt man auf der Terrasse den Blick ins Tal bei typischer Tiroler Küche.

Wandernd lässt sich das Villgratental auf dem durchaus anspruchsvollen **Herz-Ass Weg** umrunden. In 5 Tagesetappen führt die Tour auf 75 Kilometern Länge und 5.830 Höhenmetern im Aufstieg über die Villgrater Berge. Die Etappen sind so konzipiert, dass sie auch als einzelne Tagesetappen erwandert werden können.

herz-ass-villgratental.at

Bei Schnee und Eis

Skilifte sucht man hier vergeblich. Vielmehr ist das ursprüngliche Tal ein Paradies für Skitourengeher, Winterwanderer und Rodler. Sowohl am Talboden als auch hoch zu Almen führen gut markierte Wege.

Geübte Tourengeher finden im Villgratental tolle Touren auf fast 3.000 Metern. Auf der **Herz-Ass-Skitour**, einer mehrtägigen Umrundung des Villgratentals, werden einige der Top-Skitourenberge der Region begangen.

Schlafen

Außen ein alter Stadl aus verwittertem Holz, innen eine überraschend moderne Unterkunft im Loft-Stil. Wer im **Loft im Stadl** mitten im Ortszentrum nächtigt, kommt aus dem Staunen nicht so schnell heraus.

Gasse 70, 9932 Innervillgraten
loftimstadl.at

Das über 300 Jahre alte **Giatla Haus** wurde vor wenigen Jahren behutsam saniert und zu modern ausgestatteten Ferienwohnungen umgebaut. Der Charme des alten Bauernhauses blieb dabei erhalten.

Kalkstein 152, 9932 Innervillgraten
alfenalm.at/giatla-haus

Direkt auf der Unterstaller Alm liegt die urige **Almhütte Jenewein**. In ruhiger Alleinlage lernt man hier ob der gemütlichen, doch simplen Ausstattung das einfache Leben von früher kennen.

Innervillgraten 208, 9932 Innervillgraten
huettenland.com

Essen

Heimische, merhfach ausgezeichnete Bioküche bekommt man im urigen Bauernhaus des **Gannerhof**.

Gasse 93, 9932 Innervillgraten
gannerhof.at

Fast unscheinbar wirkt das **Alfonsstüberl** auf den ersten Blick, doch die gut bürgerliche Küche ist auf jeden Fall eine Empfehlung wert. Die Mutter des Hauses steht in der Küche.

Gasse 70a, 9931 Innervillgraten
alfonsstueberl.at

Einkaufen

Es ist ein wenig überraschend, dass in einem der entlegensten Täler Tirols ein erfolgreicher Fashiondesigner zuhause ist. Bernd **Mühlmann** produziert in seiner kleinen Werkstätte Mode mit edlen Materialien und klaren Linien.

Dorf 191, 9931 Außervillgraten
muehlmann.eu

Loft im Stadl

NATIONALPARK HOHE TAUERN
Zu den Almen am Talschluss

Versteckt am hintersten Ende des Defereggentals, im Nationalpark Hohe Tauern, liegt die Jagdhausalm. Die denkmalgeschützte Alm besteht aus sechzehn Steinhäusern und einer kleinen Kapelle. Sie zählt zu den ältesten Almen Österreichs.

Dem Schwarzachbach folgend führt der Weg zur Jagdhausalm vorbei an Zirbenwäldern, Wasserfällen, blühenden Almrosen und der Seebachalm. Hinter jeder Kurve taucht ein neues Fotomotiv auf. Die zwölf Kilometer ab dem Wanderparkplatz Erlsbach sind eine lange, aber einfach zu bewältigende Tour.

Schon im Jahr 1212 wurde die Jagdhausalm erstmals urkundlich erwähnt und ganzjährig bewirtschaftet, bevor sie ab dem frühen 15. Jahrhundert nur noch im Sommer betrieben wurde. Die alten Steinhäuser dienten damals als Stall, Vorratslager und Behausung der Senner, die Milch zu Butter und Käse verarbeiteten. Heute wird die Alm von fünfzehn Südtiroler Bauern bewirtschaftet, knapp 350 Kühe und 80 Schafe verbringen hier den Sommer. Hungrige Wanderer und Mountainbiker kehren in der einzigen Jausenstation ein, werfen einen Blick in die kleine Kapelle und spazieren durch die Siedlung.

Gerade einmal zehn Minuten dauert der Aufstieg von der Jagdhausalm hoch zum Pfauenauge, einem kleinen, von Hochlandschilf umringten Bergteich. Wer dann noch die letzten Meter bis hoch zur Kuppe geht, wird mit einem famosen Ausblick weit hinaus ins Tal belohnt.

Haltet stets die Augen offen – immer wieder tauchen in den umliegenden Almwiesen neugierige Murmeltiere auf, die sich ebenso schnell wieder in ihren Höhlen verstecken. Doch mit etwas Glück zeigen sich die pelzigen Almbewohner aus nächster Nähe.

Auf in die Berge

Über dreihundert 3.000er Gipfel, kristallklare Bergseen, weitläufige Gletscherfelder, imposante Gletscherbäche und Wasserfälle – **der Nationalpark Hohe Tauern** ist der größte Nationalpark in Mitteleuropa und erstreckt sich über die Bundesländer Tirol, Salzburg und Kärnten. Ob unten in den Tälern oder hoch oben auf den Dreitausendern – Wanderer, Mountainbiker, Kletterer oder Naturliebhaber werden im Sommer ebenso begeistert sein wie Skitourengeher, Schneeschuhwanderer, Langläufer oder Rodler im Winter.
Wer mehr über den größten geschützten Naturraum der Alpen erfahren möchte, besucht das Nationalparkhaus Matrei mit wechselnden Ausstellungen oder nimmt an einer geführten Tour mit einem Nationalpark Ranger teil. Bei einer Wanderung lernt man mehr über Flora und Fauna und entdeckt mit etwas Glück Steinadler, Bartgeier oder Murmeltiere.

Für Ambitionierte ist die Besteigung des **Großglockners** ein Tourenerlebnis für sich. Mit einer Höhe von 3.798 Metern ist er der höchste Berg Österreichs.

Mit Blick auf den imposanten Großvenediger führt eine einfache Tour ins Gschlösstal, vorbei an der Siedlung Außergschlöss und der Felsenkapelle bis hin zur weitaus bekannteren Almsiedlung **Innergschlöss**. Noch heute werden die Almhütten im Sommer von Einheimischen bewohnt, die durch den Gschlössbach voneinander getrennt sind. Neben einer alten Holzschnitzerei stärkt man sich im Venedigerhaus mit bodenständigen Osttiroler Gerichten für den Rückweg. Wer etwas mehr Ausdauer in den Beinen hat, folgt dem **Gletscherweg Innergschlöss** noch weiter in Richtung Talschluss, bevor es linkerhand hoch zum Auge Gottes, einem kleinen Bergsee, geht. Von hier aus führt die Tour weiter über den Vorbereich

Innergschlöss

des Gletschers und weiter zur Alten Prager Hütte.

Im kleinen Bergdorf Kals am Fuße des Großglockners startet die **Mountainbiketour zur Lucknerhütte**. Den höchsten Berg Österreichs stets im Blick, führt die mittelschwierige, jedoch abschnittsweise steile Tour auf rund 580 Höhenmetern hoch zur Lucknerhütte. Von der Terrasse aus bietet sich ein toller Blick auf den Großglockner, besonders lecker sind die regionalen Spezialitäten des Gasthofs.

Nördlich vom Bergdorf Kals führt das **Dorfertal** über die Daberklamm auf einer einfachen Wanderung zum Kalser Tauernhaus. Von der Terrasse blickt man auf die Gletscherausläufe des Großglockners. Erweitert werden kann die Wanderung zu dem idyllisch gelegenen Dorfer See, der sich aus Gletscherwasser speist.

Ans Wasser

Wasser ist in Osttirol allgegenwärtig, wieso also nicht die Region vom Wasser aus erkunden? Bei einer **Raftingtour** auf der Isel steht Spaß an oberster Stelle – egal ob als Anfänger oder Könner.

Bei Schnee und Eis

Der Nationalpark Hohe Tauern ist ein Paradies für **Skitourengeher** – und das in unterschiedlichen Schwierigkeitsgraden. Für erfahrene Skitourengeher ist die Großglocknerumrundung oder -besteigung ein eindrucksvolles Erlebnis – das jedoch nicht ohne Bergführer unternommen werden sollte.

Zahlreiche Eisfälle sind in Osttirol zum **Eisklettern** zu finden. Besonders groß ist der Eispark Osttirol nahe des Matreier Tauernhauses. Der künstlich angelegte Eispark bietet rund 70 Routen in allen Schwierigkeitsgraden.

Schlafen

Gekonnt hat Gastgeberfamilie Hradecky das Haupthaus des **Hinteregger** um einen Neubau erweitert und den Weg zum modernen Hotel eingeschlagen. Neben der preisgekrönten Architektur darf man sich hier auf Produkte aus der eigenen Landwirtschaft freuen.

Hintermarkt 4, 9971 Matrei in Osttirol
hotelhinteregger.at

Mitten im Nationalpark Hohe Tauern liegt auf 1.350 Metern und am Fuße des Großglockners das **Gradonna**. Das Hotel und Chaletresort punktet durch eine interessante Architektur, großartige Ausblicke und ein Wellness- und Kulinarikangebot auf hohem Niveau.

Gradonna 1, 9981 Kals am Großglockner
gradonna.at

Einst ein landwirtschaftliches Anwesen mitten am Kirchplatz in Matrei in Osttirol, beherbergt der **Kesslerstadel** aus dem 16. Jahrhundert zwei Ferienwohnungen.

Kirchpl. 4, 9971 Matrei in Osttirol
kesslerstadel.com

Essen

Haubenküche und Pizzeria in einem ist das **Saluti** in Matrei. Neben Spezialitäten aus der Region und internationalen Gerichten zaubert Ernst Moser mitunter die besten Pizzen des Landes auf die Teller.

Grießstraße 10, 9971 Matrei in Osttirol
saluti-matrei.com

Als moderne Interpretation des traditionellen Tiroler Wirtshauses bezeichnen die Gastgeber ihr **Kuckuck**. Neben einem feinen Frühstücksangebot, hausgemachten Kuchen und kleinen Snacks im Erdgeschoss gibt es in der Pizzeria eine Etage darüber Holzofenpizzen.

Sparkassenplatz 3, 9971 Matrei in Osttirol
zum-kuckuck.at

Einkaufen

Ausschließlich Bauern aus der umliegenden Region beliefern den **Talmarkt Matrei** im Ortszentrum. Osttiroler Spezialitäten wie Speck, Käse, Schnaps, frisches Bauernbrot, aber auch Honig oder Gewürze werden angeboten.

Rauterplatz 4, 9971 Matrei in Osttirol
talmarkt-regional.at

Blick auf den Großglockner

Bildverzeichnis Alle Fotos von Mela Hipp, außer: Umschlagsklappe, Autorinnenfoto: Julias Lieblinge; S. 5: Jur Wiersema; S. 12, 139: Tirol Werbung (TW) /Bert Heinzlmeier; S. 18, 161: TW/Bernhard Aichner; S. 21: Alessio Zaccaria; S. 38: Ötztal Tourismus/Rudi Wyhlidal; S. 39: Timmelsjoch Hochalpenstraße/Rene Roller; S. 40/41: Steinadler: NPHT/Gunther Gressmann, Gämse: TVB Tannheimer Tal/Wolfgang Ehn, Steinbock: TVB Pitztal, Geier: Nationalpark Hohe Tauern; S. 44, 134, 143: TW/Lisa Hörterer; S. 45: Kitzbüheler Alpen/Peter Vomier; S. 52: Jochen Buckers; S. 55 Skiwelt Wilder Kaiser Brixental; S. 61: Kaiserwinkl; S. 66: Wildschönau Tourismus; S. 67: Thierbach, Wildschönau Tourismus; S. 68: Achensee Tourismus; S. 72, 74, 75: TW/Jens Schwarz; S. 77: Hintertuxer Gletscher/Sebastian Schöffel; S. 78, 107: TW/Heinz Zack; S. 80: TW/Charly Schwarz; S: 89 oben und unten: Innsbruck Tourismus/W9 Studios; S. 98, 102, 103, 111, 112: Tirol Werbung; S. 104: TVB Stubai/Andre Schönherr; S. 118: IDM Südtirol/Mario Entero; S. 121: TW/Frank Bauer; S. 123: Aqua Dome; S. 124: Pitztaler Gletscher; S. 126: Pitztaler Gletscher/Mario Webhofer; S. 127: TVB Pitztal/Thomas Schrott; S. 128: TVB Pitztal; S.129: TVB Pitztal/ Chris Walch; S. 142: Norbert Spahn; S. 144, 147: TVB Paznaun; S. 146: Gemeinde Galtür; S. 149: TW/Josef Mallaun; S. 158, 160: TW/Oliver Soulas; S. 163: Ramon Haindl; S. 164: Verein Lechweg; S. 170: TVB Tannheimer Tal/Achim Meurer; S. 178: Osttirol Werbung/Armin Zlöbl; S. 187: Osttirol Werbung/Marion Payr

AUCH SEHR GUT

Europa mit dem Zug entdecken

Dieses Reisehandbuch zeigt euch die schönsten Zugfahrten und Streckennetze von 43 Ländern in Europa und wie ihr von Deutschland, Österreich und der Schweiz dorthin gelangt. Bahnprofis – vom Lokführer bis zur Zugbloggerin – verraten ihre Lieblingsstrecken und geben unbezahlbare Geheimtipps.

ISBN 978-3-96348-016-4

Das Handbuch für nachhaltiges Reisen

Du planst gerade deine nächste Reise und möchtest, dass deine Reisen weniger Impact auf die Umwelt haben? In diesem praktischen Handbuch findest du heraus, wie du deine Reisen mit Spaß nachhaltig gestaltest, simpel und für jeden Geldbeutel.

ISBN 978-3-96348-017-1

Originalausgabe
Erste Auflage, Berlin, Juli 2021

reisedepeschen.de

Reisedepeschen ist ein klimaneutraler Verlag:
climatepartner.com/15175-2010-1001

ISBN 978-3-96348-015-7

Gestaltung und Herstellung sowie die Karten und Illustrationen lagen in den Händen von Johannes Klaus. Die Umschlagillustration fertigte Henry Rivers (travelposter.co) in enger Zusammenarbeit mit dem Verlag an. Tatjana Kerschbaumer übernahm das Lektorat wie auch das Korrektorat. Das Buch wurde in der Brandon Grotesque und der Brandon Text von Hannes von Döhren gesetzt. Druck und Bindung nahm DZS Grafik in Ljubljana vor. Gedruckt wurde auf Munken Polar Rough und GalerieArt Natural, hergestellt aus chlorfrei gebleichtem Zellstoff aus nachhaltiger Waldwirtschaft. Das Buch wurde klimaneutral produziert.

Die Deutsche Nationalbibliothek verzeichnet diese Publikation in der Deutschen Nationalbibliografie; detaillierte bibliografische Daten sind im Internet über http://dnb.dnb.de abrufbar.

Dieses Handbuch wurde von uns mit viel Liebe und großer Sorgfalt erstellt. Zum Glück dreht sich die Welt unbeeindruckt weiter und manches ändert sich schneller, als wir es anpassen können. Deshalb übernehmen die Herausgeber, die Autoren und der Verlag für die Richtigkeit von Angaben, Hinweisen und Karten sowie für eventuelle Druckfehler keine Haftung.

Du kannst Teil dieses Buches sein: Schick uns deine Hinweise, Geheimtipps und Verbesserungsvorschläge, erkläre uns, was so nicht mehr stimmt und was unbedingt in die nächste Auflage sollte. Wir freuen uns auf deine Nachricht an hinweis@reisedepeschen.de.